AF359976

Collection de M. L . . . à Amsterdam.

CATALOGUE

DE

Médailles historiques, de Monnaies

des anciennes provinces des Pays-Bas,

du royaume de la Hollande et des Pays-Bas.

MONNAIES DES EMPEREURS,
ROIS, PRINCES LAïQUES, ET PRINCES DE
L'ÉGLISE ET MONNAIES DES VILLES

ET D'UNE PETITE SÉRIE

DE MÉDAILLES DE MÉDECINS ET
AÉRONAUTES ET DE PIÈCES AYANT RAPPORT
à LA MÉDECINE,

dont la vente aura lieu à Amsterdam

le 9 et 10 JUIN 1897,

dans la salle au premier de l'Hôtel KRASNAPOLSKY,

WARMOESSTRAAT 175–183.

Sous la direction de l'Expert

J. SCHULMAN,

d'AMERSFOORT.

JOUR D'INSPECTION

MARDI le 8 JUIN de 10 heures du matin à 4 heures de l'après midi.

Stoomdrukkerij A. J. MICHIELSEN — Amersfoort.

Conditions de la Vente.

La vente se fera au comptant en florins et cents des Pays-Bas.

Les acquéreurs paient 10°/₀ au dessus des enchères, comme cela est coutume en Hollande.

L'expert peut combiner ou diviser des lots d'après son gré.

Les acheteurs sont tenus de prendre livraison de leurs achats, après chaque vacation.

Après l'adjudication, aucune réclamation ne sera admise.

L'expert se charge gratuitement des ordres, qu'on voudra bien lui confier.

Ordre de la Vente.

MERCREDI le 9 JUIN le matin à 10¹/₂ heures précises.
Les n. 1 — n. 279.
Le soir à 6¹/₂ heures précises.
n. 280 — n. 536.
JEUDI le 10 JUIN le matin á 10¹/₂ heures précises.
n. 537 — n. 803.
Le soir à 6¹/₂ heures précises
n. 804 jusqu' à la fin.

Médailles historiques et artistiques.

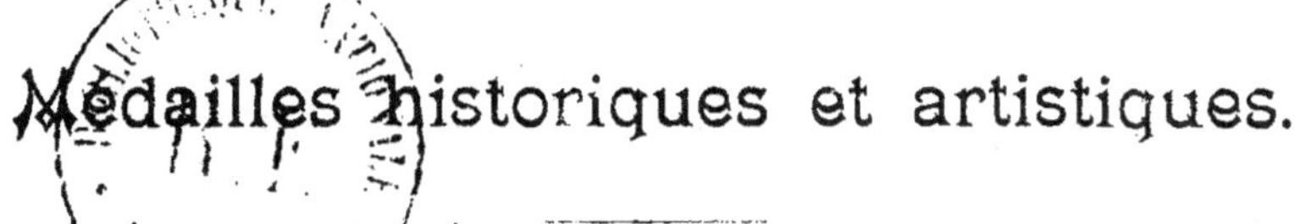

1 (1384 - 1458). Médaillon au buste d'**Alphonse V le Magnanime**, roi d'**Aragon** à dr. Rev. Char de triomphe tiré de 4 mules. Mm. 108. Br. Coulée. b.c.

2 1445. Martyre de **Jean Huss**. Buste de **Huss** entre IOA—HVS. v. Mieris I. p. 29,1. Coulée. Ar. gr. 23. t.b.c.

3 S.d. GIOVANNI DANDREA DASTIA. Son buste en haut relief à g. Rev. SPES. L'Espérance debout à dr. Beau médaillon du commemement du XVIme siècle. Mm. 74. Br.

4 S.d. Médaille au buste à g. de **Paulus** par Hagenauer, sous le buste PAVLVS. Rev. Combat de cavaliers, dessous SAVLVS et le monogr. de Hagenauer. Belle médaille de la première moitié du XVIme siècle, avec bélière. Mm. 40. Ar. gr. 13.

5 1529. **Michael Mercator** de **Venlo** ambassadeur du roi d'**Angleterre** dans les **Pays-Bas**. Son buste presque de face tourné à g. A REGE ANGLO-RVM PRIMI MILITIS CREATI EX VENLO EFFIGIES. Rev. MICHAEL MERCATOR — ÆTATIS SVÆ XLVIII — GRATIA — DEO ET REGI. MDXXXIX. Inédit. Exemplaire de la collection Eugen Felix, n. 180. (Mk 470). Mm. 49. Ar. Superbe médaillon. Extrêmement rare.

6 1531. Mort du réformateur **Ulric Zwingli**. Petite médaille par Jean Dassier, v. Mieris II. p. 351 n. 2. Ar. gr. 9,5. Belle.

7 1535. **Jean Frédéric duc de Saxe** fait renouveler la Ligue de **Smalkalde**. Son buste de face. Rev. Grand écusson à trois heaumes. Médaille par Heinrich Rietz. v. Mieris II. pl. 429,1. Coulée. Ar. gr. 46. t.b.c.

8 1545. Concile de **Trente**. Médaille satirique sur le Pape et les cardinaux. Ar. gr. 17. b.c.

9 1549. Médaille religieuse. La Nativité. Rev. L'Adoration des Mages, avec oeuillet. Ar. gr. 26. Belle.

10 1552. Prise de **Metz** par **Henri II**, roi de **France**. Buste lauré et cuirassé du roi à dr. HENRICVS . II . GALLIARVM REX INVICTISS PP Rev. La Victoire et l'Abondance sur le quadrige de la Renommée. EX VOTO PVB. 1552. v. Mieris III, p. 314 n. 1. Mm. 53. Ar. gr. 52. Belle et rare.

11 s.d. Médaillon oval aux bustes accolés à dr. de **Charles-Quint** et de **Philippe II**. Rev. Bustes cuirassés et accolés à dr. de **Henri II** et de **François II**, rois de **France**. Mm. 27/33. Ar. gr. 26. Beau et fort rare. Avec bélière.

12 1555. Auto-da-fé de **Nicolas Ridley** évêque de **Londres**, à Oxford, accusé de hérésie, Franks p. 76 n. 27. v. Mieris III p. 380. Ar. gr. 10. f.d.c.

13 1555. **Philippe II** succède à **Charles V**. Son buste cuirassé à dr. Rev. Apollon conduisant le char du soleil. Belle médaille par Jacopo da Trezzo. Comp. v. Loon I. p. 4 n. 1. Ar. gr. 82, brunie.

14 (1559). Mort du roi **Henri II** de **France**. Buste de sa veuve **Cathérine de Médicis** à g. KATHARINA . DE . MEDICIS . REGINA . FRAN. Rev. Une lance cassée. HINC . DOLOR . LACRIMÆ . HINC. v. Loon I éd. holl. p. 35 éd. fr. p. 34,2. Ar. gr. 67. Belle.

15 1560. Mort de **Jean Lasco**, réformateur polonais. Son buste à dr. Petite médaille par Dassier. Ar. gr. 10,5. Belle.

16 1563. **Maximilien II** empereur. Buste cuirassé de Ferdinand I à dr. Rev. Bustes accolés et couronnés de Maximilien et de Marie à g. MAXIMI-LIAN . D . G . RO . HVN . BO . REX . 1563. Coulée. Ar. gr. 14. t.b.c.

17 1571. Superbe médaille au buste à dr. de VIGLIVS ZVICHEMVS AB AYTA chancelier de Charles V. Rev. VITA MORTALIVM VIGILIA. v. Loon I 43—42 n. 1. Ar. gr. 23, fort rare.

18 1572. Médaille des Gueux en mémoire de la prise de **Brielle** et du refus du dixième denier. EN . TOVT . FIDELLES . AV . ROY . A . 1.5.7.2. Epée en pal entre des lunettes et dix deniers. Rev. Deux Gueux debout IVSQVES . A . PORTER . LA . BESACE. v. Loon I éd. holl. 148 éd. fr. 145 n. 1. Ar. fort rare. t.b.c.

19 1573. Défense héroïque d'**Alckmar** contre les Espagnols. v. Loon I 168—166. Belle médaille en **or**. Gr. 19,5. Extrêmement rare, superbe.

20 — Défaite de l'amiral **Bossu** sur la Zuiderzee. Médaille fr. en 1615, dans un encadrement du temps. v. Loon I 170—168. Ar. gr. 99. t.b.c.

21 1574. Délivrance de **Leyde**. v. Loon I 193—195,1. Ar. gr. 16 t.b.c.

22 — Même sujet. Médaille au buste de **Petrus Adriaansz. van der Werff**, bourgmestre pendant le siège. v. Loon I 190—188 n. 1. Ar. gr. 39,5. Coulée, b c.

23 S.d. Médaille uniface au buste de face de **Johann Wilhelm Loffelholtz**. IOHAN WILHELM LOFFELHOLTZ ÆTA SVÆ 42. Rev. Les armoiries gravées des Löffelholz de Kolberg. Mm. 40. Ar gr. 27. Belle.

24 S.d. **Savoie**. **Emmanuel Philibert**. Médaille au buste cuirassé et lauré du duc à dr. E. PHILIBERTVS . DVX . SABAVDIE . Rev. Q . NON PAXP . PATRI PHILIP . CONG . TANDO . RESTITVC à l'exergue P. P. R. Mm. 38. Ar. t.b.c. Coulée.

25 1577. Le traité de **Bruxelles**. Médaille avec encadrement renaissance, travaillé à jour. v. Loon I, 234—230 n. 2. Ar. gr. 18. Belle.

26 — Médaille au buste du **Taciturne**. Rev. Buste de **Charlotte de Bourbon**, par Conrad Bloc. Br. doré. b c. v. Loon I éd. holl. 240, éd. fr. 236 n. 1.

27 1578. **Jean Baptiste Houwaert**, conseiller royal et Maître de la chambre des comptes à Bruxelles. Médaille coulée au buste à dr. par Alexandre. v. Loon I, 245—240 n. 1. Ar. gr. 60. t.b.c.

28 — Médaille commémorative. Les armoiries offertes par le comte Guillaume IV en 1342 à Amsterdam, COM . WILH . HOC INSIGNE—AMSTELODAMO DONO — 13 DEDIT 42. Le comte assis fait offrir les armoiries au magistrat, sous le siège P. V. ABEELE. F. Rev. L'empereur Maximilien donne la couronne impériale à la ville d'Amsterdam en 1488 CAES . MAX . CORONAM IMP : - DONAVIT AMSTELO—14 DAMO 88. L'empereur debout fixe la couronne impériale aux armoiries tenues par un magistrat. Belle médaille repoussée par van Abeele. v. Loon I, éd. holl. 254, éd. fr. 250 n. 1. Mm. 82. Ar. gr. 109.

29 1582. **Dokkum**, munie de nouvelles fortifications. v. Loon I. 327—321, n. 1. Ar. t.b.c.

30 1584. Guillaume le Taciturne assassiné. Médaille frappée par ordre des Etats-Généraux. Buste de Guillaume en médaillon. LICET OSSA

ARESCANT . VIRTVS . VIRESCIT ET . VIGET. v. Loon I, 315—339, n. 1. Ar. gr. 45,5. Superbe et rare.

31 1590. Surprise de la ville de **Bréda** par **d'Héraugières**. v. Loon I, éd. holl. 409, éd. fr. 403. Ar. gr. 18. Belle.

32 1594. **Coevorde** dévestie et **Groningue** prise par le prince **Maurice**. v. Loon I, 448—440 n. 1. Ar. gr. 38 Avec encadrement.

33 1597. Victoire de **Turnhout** par le prince **Maurice**. Médaille des Etats d'Overijssel. Compz. v. Loon I, 494—482 n. 3. Ar. gr. 51. t.b.c.

34 1598. Paix entre la **France** et l'**Espagne**. Médaille par *Conrad Bloc* au buste de **Henri IV** à dr. HENRICVS . IIII . D . G . FRANCOR . ET . NAVAR . REX. Rev. DVO . PROTEGIT . VNVS . 1598. Deux sceptres en sautoir sur lesquels une épee en pal. Manque à van Loon. Mm. 43. Ar. Belle et rare.

35 1600. Victoire remportée par Maurice sur les Espagnols près de Nieuport. v. Loon I 548—531 n. 2. Ar. gr. 38. t.b.c.

36 1602. La ville de **Grave** prise par le prince **Maurice**. Méd. fr. par ordre des Etats d'Utrecht. v. Loon I 567—551 n. 2. Ar. gr. 29,5 t.b.c.

37 1602. Médaille au buste de **Maurice de Nassau-Orange** à dr. par Conrad Bloc. Rev. Oranger. v. Loon I 569—553 n. 1. Ar. t.b.c.

38 Même médaille en bronze, t.b.c.

39 1604. **Mort de Jan van der Does**, commandant des troupes pendant le siége de **Leyde** et Curator à l'Université de Leyde. Son buste de face. IANVS DOUSA NOORTWICI TOPARCHA V. L. G. v. Loon I éd. holl. 200, éd. fr. 197. Mm. 61. Ar. gr. 47, coulée. Belle.

40 1607. Négociations de paix de **Philippe** III avec les Etats. Son buste à dr. Rev. AD . VTRVMQVE. v. Loon II 28. Ar gr. 30.5. Coulée. t.b.c.

41 1609 Traité de douze ans conclu entre l'Espagne et Provinces Unies. Médaille distribuée aux ambassadeurs. van Loon II 54. Ar. gr. 63,5. Superbe et rare.

42 — Triple alliance. Médaille à la rose, au lis et au lion couronnés. Rev. Trois coeurs. v. Loon II 50,4. Franks 25. Ar. gr. 45. Belle et rare.

43 — Même sujet. Les armoiries de la **France**, de l'**Angleterre** et des **Pays-Bas** liées par un ruban. v. Loon II 50,1. Franks 22. Ar. gr. 45. Belle et rare.

44 1614. Baptême de **Johann Gril**. Médaille ovale au buste du Christ à g. Vermeil. gr. 19,5. Belle.

45 1616. Médaille ou double thaler de baptême. Ar. gr. 52 t.b.c.

46 1617. Jubilé de la réformation luthérienne. Petite médaille carrée MARTINVS LVTHERVS THEOLOGIÆ D. Mm. 34. Ar. gr. 12. t.b.c.

47 s.d. Jeton gravé aux bustes de **James** I et du prince **Charles**. Franks 272. Ar. Beau.

48 s.d. Jeton gravé aux bustes de **Charles** I et de **Henriette Marie**. Franks 275. Ar. Beau.

49 1619. Synode de **Dordrecht**. Belle médaille avec le petit chien. v. Loon II 105. Franks p. 222 n. 78 Ar. gr. 61. Belle.

50 — Mort de **Johan van Oldenbarnevelt**, le célèbre pensionnaire de **Hollande**. Son buste de face. Rev. Légende en six lignes v. Loon II 109 n. 3. Ar. gr. 43, Belle.

51 s.d. Médaille au buste à g. d'**Antoine Triest** évêque de Gand, par Waterloos. v. Loon II 140—139. Mm. 46. Br. Belle et rare.

52 1622. Les gardes civiques de **Harlem** sous leurs capitaines **Olican** et **van der Camer** se rendent en garnison à **Hasselt**. v. Loon II 147—146 n. 1. Ar. gr. 27. Belle et rare.

53./1629. Médaille au buste du prince **Frédéric Henri** sur la prise de la ville
de **Pernambuco** et d'**Olindo** en Brésil et des villes de **Bois-le-Duc, Grol** et
Wesel. v. Loon II 193—190 n. 2. Ar. gr. 65 Belle, fort rare.

54 1632. **Suède.** Couronnement de **Christine.** Buste lauré à g. Rev. **Main**
tenant une couronne AVITAM ET AVCTAM. Mm. 42. Ar. gr. 36. t.b.c.

55 S.d. **France.** Médaille au buste à dr. en haut relief du surintendant des
finances **A. Ruze.** A . RVZE . M . DEFFIAT . ET . D . LONGVMEAV.
AV . SVRT . DES . FINANCES. Rev. Atlas. Mm. 67. Br. Superbe.

56 1633. Prinse de **Maestricht** et de **Rhinberck** par le prince **Frédéric Henri.**
Son buste cuirassé à dr. entouré de drapeaux. Dessous RYNBERGE.
Rev. Plan des fortifications de Maestricht. v. Loon II 211—208. Franks
57. Ar. Superbe et fort rare.

57 1637. Prise de **Bréda** par **Frédéric Henri.** Superbe médaille par Looff.
Variété de van Loon II 238—232 n. 2, avec CVM PRIV *I. Looff FE* et
une tour dans la légende. Ar. gr. 99. Fort belle. Rare.

58 1641. **Genève. Jean Calvin.** Médaille au buste de Calvin à dr. par Seb.
Dadler, sur le cou 1641 S. D. (Seb. Dadler.) Rev. La Renommée. Haller
171. v. Mieris III p. 336,1. Ar. gr. 32. Coulée du temps.

59 1641. Mariage de **Guillaume II de Nassau Orange** et de **Marie d'Angleterre.**
Le Prince et la princesse debout se donnant la main, par Blum. Franks.
100. v. Loon II 258—251 n. 1. Ar. gr. 91. Belle. Rare.

60 1645. Prise de **Hulst** par **Frédéric Henri.** Vue de la ville assiégée. Rev.
Légende en 11 lignes. Superbe médaille par J. Looff. v. Loon II 288—
278. Ar. gr. 75. Fort belle et rare.

61 1647. Médaille au buste de **Frédéric Henri** en mémoire de ses victoires,
Belle pièce par van Abeele aux armoiries de **Maestricht, Wesel, Bréda.**
Bois-le-Duc etc. v. Loon II p. 298—288. Ar. gr. 69. Rare.

62 1648. Paix de **Munster.** v. Loon II 312—301 n. 2. Ar. t.b.c.

63 — Prise de **Tortosa** par **Louis** XIV. Son buste à dr. par Mauger. Mm. 41.
Br. Belle.

64 — Le duc de **Bavière** battu par **Turenne,** par Mauger. Mm. 41. Br. Belle.

65 Médaille repoussée par van Abeele. Av. Deux fiancés. L'amour maternel
Mm. 55. Ar. Belle.

66 1650. Siége d'**Amsterdam** par le prince **Guillaume** II. Vue de la ville du
côté de l'Amstel. Rev. Gravée. v. Loon II 314—330 n. 3. Ar. gr. 74.
Rare. t.b.c.

67 — Même sujet Vue de la ville assiégée. Rev. Cavalier, dessous *Hecktor*
Médaille gravée provenant du montant des amendes des Gardes civiques
„*Versuymde Wacht*". v. Loon 348—335,2. Ar. gr. 31. Belle.

68 — Même sujet. Cavalier, dessous. *Van Hectors vaan het eerste Rot — Is
uytghedeelt dit silver lot. 1652. III May.* Rev. Armoiries de la ville
d'Amsterdam. Médaille gravée et niëllée. Manque à van Loon. Mm. 53.
Ar. gr. 36. t.b.c.

69 — Même sujet. **'t Herstellen . Van De . Wacht . Int . Jubeljaer . Volbracht .**
etc. v. Loon II. 348—337,1. Ar. Belle.

70 — Médaille de la ville de **Nurnberg** en mémoire de la paix de Munster.
Mm. 25. Carrée. Ar. gr. 4. Belle.

71 1650. Mort du prince **Guillaume II de Nassau-Orange.** Médaille satirique.
Chute de Phaëton. v. Loon II 353—341. Ar. gr. 101. Superbe.

72 1653. Mort de l'Amiral **Martin Tromp** dans la première guerre navale
contre les Anglais. Buste de Tromp presque de face couronné par
deux genies Rev. Le combat naval. Superbe médaille repoussée par
Muller. Franks 62. v. Loon II 376—364 n. 3. Ar. Rare.

73 1653. Même sujet. .Son buste presque de face par van Abeele. MART .
HERP . TROMP R . L . ADM . V . HOLL . E . WESTV Ao . 1653.
Rev. Ses armoiries, dessous, le combat naval. Franks 52. v. Loon II
376 - 364 n. 1. Ar. Rare. t.b.c.

74 — Plusieurs villes prises par **Louis** XIV. v. Loon II, 378—358. Mm.
41. Br. Belle.

75 — **Louis** XIV, couronné à **Reims, Arras** secouru et prise de **Cadaques** et
de **Castillon**. Trois médailles au buste de **Louis** XIV par Mauger. Mm. 41. Br.

76 1657. Inauguration du canal de **Harlem** à **Leyde**. Vue du nouveau canal
et de la ville de Harlem. v. Loon II 421—407. Ar. gr. 75. Superbe.

77 1658. **Suède. Charles X Gustave.** Fameuse expédition du roi à travers la
mer baltique. Son buste cuirassé à dr., presque de face en haut relief.
Rev. Le roi à cheval. Médaille repoussée par van Abeele. v. Loon II
439—424 n. 2. Ar. gr. 65 Belle et rare.

78 — Le **Sond** forcé par l'Amiral **Wassenaer van Obdam**. Combat naval entre
les Suédois et les Hollandais, avec vue de la ville de **Copenhague**.
v. Loon II 445 - 430 n. 2. Ar. gr. 29,5. Belle et rare.

79 1660. Méd. offerte par les Etats de Zélande à **Treulebem**, pour le sauvetage du navire naufragé du capitaine Waterdrinker. Mm. 70. v. Loon
II 478—459. Ar. Belle.

80 — Départ de **Charles** II, roi d'Angleterre de **Schéveningue**. Méd. repoussée en haut relief par van Abeele, v. Loon II 462—481,1. Franks 44.
Vermeil t.b.c.

81 1661. Prise de **Munster** par l'Evêque **Christoph Bernhard van Galen**. v. Loon
II 488—468. Ar. gr. 28 Belle.

82 1664. **Jean Casimir** roi de **Pologne**. Abdication du trône. Pièce fort inté-
ressante, parceque Jean Casimir n'abdiqua le trône qu'en 1669. Buste
de Louis XIV à dr. Revers HOSPITIVM REGIBVS et à l'exergue CA-
SIM . POLON . REX . ABDICATO . REGNO . IN . GALLIA . EXCI-
PITVS M . DC . LXIV voir Raczynski II p. 61. De cette médaille
le buste, les légendes et les sujets se détâchent en or sur un fond
bruni et luisant. Mm. 55. Br. doré. Authentique.

83 1666. Guerre de l'**Angleterre** contre la **France** et les **Pays-Bas**. v. Loon II
541—518. Mm. 41. Br. b.c.

84 — Prise de **Valence**. 1681. **Casal** remise au roi. Deux médailles au buste
du roi **Louis** XIV par Mauger. Mm. 41 Br. Belles.

85 1666. Introduction de l'impôt sur les cheminées (fouage) „Haardsteden-
geld". Méd. offerte aux bourgmestres de Leyde, par Abr. Simon. v. Loon
II 538—516. Ar. gr. 64. Superbe.

86 — Combat naval de quatre jours, sous l'amiral **de Ruyter** contre l'amiral
Monk et le Prince Robert. v. Loon II 546—524 n. 1. Franks 164. Ar.
gr. 92. Coulée. t.b.c

87 — Combat naval de quatre jours. Médaille au buste de l'amiral **Michael
Adriaansz. de Ruyter** de face couronné de deux génies. Rev. Le combat
naval. Superbe médaille repoussée par Muller. v. Loon II 549—527,1.
Franks 167. Ar. gr. 81 Rare.

88 — Même combat. Médaille au buste de l'Amiral **Cornelis Tromp**. Sur une
banderolle CORNELIS TROMP LUYT ADMIRAAL V. HOLL. Superbe
médaille repoussée par Muller. v. Loon II 550 -529,2. Franks 172. Ar.
gr. 79. Extrêmement rare et de toute beauté.

89 1668. Paix **d'Aix-la-Chapelle** conclue entre la France et l'Espagne et
Synode à Dordrecht. v. Loon III éd. holl. 24, éd. fr. 22. Ar. gr. 71,5
t.b.c. Rare.

90 (1670.) Embellissement de **Paris.** Buste du roi à dr. par Roussel. Rev. ORNATA ET AMPLIATA VRBE à l'exergue : LVTETIA et au dessous *Molart f.* La ville de Paris tourelée assise sur une muraille, à ses pieds, la Seine couchée. Le buste, les légendes et les sujets dorés. Mm. 70. Br. doré. Belle.

91 1672. Le médecin **Nic. Tulp** quatre fois bourgmestre et 50 ans membre de la magistrature d'Amsterdam. v. Loon III 69—64. Ar. gr. 45. Belle.

92 — Méd. offerte aux gardes civiques d'Amsterdam en récompense de leurs services. v. Loon III 72—67. Ar. gr. 23. Belle.

93 Mort tragique des frères **Jan** et **Cornelis de Witt.** Leurs bustes opposés. Rev. Le monstre. v. Loon III 87—81 n. 1. Ar. gr. 104.5 Belle. Brunie.

94 — Même médaille coulée. Ar. gr. 62. Brunie. t.b.c.

95 — Même sujet aux bustes accolés. *Twee Witten eensgezint.* v. Loon III 87 n. 3. Ar. gr. 43. t.b.c.

96 - Même sujet. VNA MENTE ET SORTE. v. Loon III 87 n. 4. Ar. gr. 29.5 Coulée. t.b.c.

97 — Même sujet. IOH . ET . COR—NE : DE WIT. Bustes accolés. Rev. Leurs cadavres mutilés sur l'échafaud. v. Loon III 90—84 n. 2. Ar. gr. 42.5. t.b.c. Rare.

98 1672. Siége et délivrance de **Groningue.** Médaille offerte aux étudiants volontaires, au nom de *Stephanus Bennick S.S. M. Cand.* v. Loon III 102—96. Ar. t b.c.

99 — Délivrance de **Groningue** et prise de **Coevorde.** Comparez v. Loon III 110—104 n. 1 avec GRO . IS . BELE . DOOR . DE . BIS . V . CVE . E . MVN . D . 9 . IV . VE . D . 17 . AV 1672 . dans le champ. *Coevorden met stormenhandt ingenomen den 20 decemb.* et toute autre gravure. Mm. 53. Ar. gr. 33. Belle.

100 — Même sujet. van Loon III 110—104 n. 3. Vermeil. gr. 33. Belle.

101 1672. Prise des quatre villes sur le Rhin, **Orsoy, Rhinberg, Burich et Wesel** par **Louis XIV.** Superbe médaille inédite par *Delahaye* au buste du roi à dr. LVDOVICVS . MAGNVS . REX . CHRISTIANISSIMVS. Rev. VRBES . IIII . SIMVL . EXPVGNATAE. Le Rhin couché paraît frappé de stupeur à la vue de la Victoire. Au fond, quatre villes fortifiées. Superbe médaille dont le buste, les légendes et les sujets se détâchent en or sur un fond bruni et luisant. Voir v. Loon III éd. fr. 50 et l. holl. 55, la composition du revers retournée de droite à gauche. Mm. 72. Br. doré. Belle. Authentique.

102 — Prise des villes de **Grave, Bomel, Orsoy, Rhinberg, Wesel, Emerick, Schinck, Arnhem, Doesbourg, Zutphen, Deventer, Nimègue.** Superbe médaille au buste de **Louis XIV** à dr. par R (Roussel) LVDOVICVS . MAGNVS . REX CHRISTIANISSIMVS. Rev. Louis XIV dans le char du soleil, sur un ruban SOLIS QVE LABORES. A l'entour les plans des villes fortifiées. Comparez v. Loon III éd. holl. 65, éd. fr. 60, tout autre gravure. Les buste les légendes et les sujets dorés. Mm. 69. Br. doré, superbe et rare.

103 1673 Prise de **Naerden** par **Guillaume III.** Son buste à dr. Rev. Statue équestre. v. Loon III 123—118 n. 3. Ar. gr. 27.5 t.b.c.

104 — **Utrecht.** abandonnée par les Français. Médaille satirique. v. Loon III 126—121 n. 2. Ar. gr. 39. t.b.c.

105 1674. Paix conclue entre l'**Angleterre,** les évêques de **Munster** et de **Cologne** et les **Pays-Bas.** Statue équestre de **Guillaume III** et vue de la prise de **Naerden.** Rev. La colombe de paix. v. Loon III 136—131. Franks 225. Ar. gr. 30 Belle.

106 1674. **Théodore Schaep** ambassadeur des **Pays-Bas** à **Stockholm**. Son buste à
dr. Rev. Ses armoiries dessous M . DC . LXX . IV. v. Loon III
139—133. Ar. gr. 29. t.b.c. Rare.

No. 111.

107 — Prise de **Besançon**. Buste de **Louis XIV** à dr. par Roussel. Rev.
VESVNTIO ITERVM CAPTA M . DC . LXXIV. La Victoire debout.
Buste, légendes et sujets dorés. Mm. 70. Br. doré. t.b.c.

108 1676. Prise de **Condé** par **Louis XIV**. LVDOVICVS MAGNVS REX
CHRISTIANISS. Son buste à dr. par R (Roussel) Revers CONDAT .
VI . CAPT . AB EXCID . SERVAT . M . DC . LXXVI en deux lignes, dessous MOLART . F. Un caducée entre une palme et une branche
de laurier sur trois urnes, l'Escaut, la Haisne et l'Hosnau. Superbe
médaille au buste, aux légendes et aux sujets dorés. Comp. v. Loon
III 193—183 n. 1. Mm. 72. Br. doré.

109 — Combat naval **d'Agosta** en **Sicile** où l'amiral de **Ruyter** fut tué.
Buste de **Louis** XIV à dr. par *Anton Meybusch* LVDOVICVS
MAGNVS REX CHRISTIANISSIMVS. Rev. Une colonne rostrale
surmontée d'une Victoire, à l'exergue en deux lignes. AD AVGVSTAM
SICILIAE — M . DC . LXXVI. Compz. v Loon III 185—175. Dorure
comme de la précédente. Mm. 70. Br. doré. Belle. Superbe.

110 1678. Prise de **Lewe** par **Louis XIV**. Son buste à dr. par Roussel.
LVDOVICVS . MAGNVS . REX . CHRISTIANISSIMVS. Rev.
VICTORIA PERVIGIL. Victoire volant à dr. au fond la ville de Lewe.
LEVIA NOCTV . CAPTA . M . DC . LXXVIII dessous *Molart f*.
Compz. v. Loon III 244—229. Buste, légendes et sujets dorés.
Superbe pièce. Mm. 69. Br. doré.

111 1678. **Lorraine**. Mariage de **Charles V** de **Lorraine** et d'Eléonore d'Autriche
⊛ ELEONORÆ . AVSTRIACÆ . ET CAROLO . LOTHARINGICO. Bustes ri-
chement drapés de Charles et de sa femme, de face. Rev. FLVIT
EX . ASTRIS . OMNIS . FELICITAS. Autel sur lequel deux cœurs cou-

ronnés entre les armoiries de Bar, Lorraine et d'Autriche. Fort belle médaille coulée et ciselée. Cat. Monnier 684. Mm. 75. Ar. gr. 98. Rare.

112   1678. Paix de **Nimègue**. Médaille frappée par la ville d'**Amsterdam**. v. Loon III 248–253 n. 1. Ar. gr. 41. t b.c.

113   1679. Décès du poète célèbre **Joost van den Vondel** né à **Cologne**, mort à **Amsterdam**. Belle médaille repoussée à son buste à dr. presque de face. Rev. Cygne. v. Loon III 283—264 n. 2. Ar. gr. 55. Superbe. Rare

114   1681. Défaite des corsaires de **Tripolis**. Buste de **Louis XIV** à dr. par Meybusch. Rev. DE PIRATIS TVRCA SPECTANTE à l'exergue CHIO – M . DC . LXXXI à g. K . FALTZ . F. La Victoire debout à g. tenant une palme et un drapeau, au fond, la ville de **Chio**. Médaille au buste, aux légendes et aux sujets dorés. Mm. 70. Superbe.

115   — Canal des deux mers. Buste de **Louis XIV** à dr. par Roussel. LVDOVICVS MAGNVS . REX . CHRISTIANISS. Rev IVNCTA MARIA et à l'exergue A . GARVMNA . AD . MONTEM . SETIVM — FOSSA . PERDVCTA . — M . DC . LXXXI. Neptune debout sur son char attelé de deux chevaux marins, tient son trident pour ouvrir la communication des deux mers. Belle pièce au buste, légendes et sujets dorés. Mm. 72. Rare.

116   1681. Réduction de **Strassbourg**. Buste de **Louis XIV** à dr. par Roussel. LVDOVICVS . MAGNVS . REX . CHRISTIANISSIMVS dessous R. Rev. SACRA RESTITVTA et à l'exergue ARGENTORAT . RECEPT . — M . DC . LXXXI par Molart. La ville de Strassbourg assise appuyée sur l'écusson, tenant une gerbe de blé enroulée d'un ruban semé de lis et avec une croix dedans, mettant le pied droite sur l'urne du Rhin lui regardant. Belle médaille, dorure comme de la précédente. Mm. 70. Br. doré. Rare.

117   1681. Médaille au buste à dr. du Pape **Innocent XI**, par *Hameranus*. Rev. VNA . SVPER . VNVM. Mm. 36. Ar. gr. 24. Belle.

118   1682. Naissance du duc de Bourgogne. Etablissements des compagnies de cadets. 1683. Le Palais ouvert aux plaisirs publics, 1686. Découverte des satellites de Saturnus, 1683. Gardes de la marine et de l'étendard. Sept médailles au buste de **Louis XIV** par Mauger. Mm. 41. Br. Belles.

119   1683. Prise de **Courtrai** et de **Dixmude**. Buste de Louis XIV à dr. par Mauger, v. Loon III 301—282 n. 1. Mm. 41 Br. Belle.

120   1683. Naissance du duc d'**Anjou**. Buste de **Louis XIV** à dr. LVDOVICVS . MAGNVS . REX . CHRISTIANIS Rev. AETERNITAS IMPERII GALL. Le buste du Dauphin, au dessous les bustes opposés de ses fils le duc de **Bourgogne** et le duc **Anjou**, entre eux un dauphin et sous chaque buste un écusson aux trois fleurs de lis de France. Les bustes et légendes dorées. Mm. 63. Br. doré. Belle.

121   1683. **St. George d'El Mina**. Médaille des directeurs de la compagnie des Indes occidentales néerlandaises. Vue du fort S. George del Mina v. Loon III 304–284. Ar. gr. 32,5. Belle.

122   1684. Remise aux Espagnols des contributions dues. Buste de **Louis XIV** à dr. par *Delahaye*. LVDOVICVS MAGNVS . REX . CHRISTIANISSIMVS. Rev. Louis XIV en triomphateur romain, reçoit les remerciements de l'Espagne. Entre eux la Victoire, à l'exergue. INDVLGENTIA . PR . — M . DC . LXXXIV dessous R. (Roussel). Superbe médaille au buste, aux légendes et aux sujets dorés. Compz. v. Loon III 318–298. Mm. 73. Br. doré.

123   S.d. Conquêtes de **Louis XIV**. Prise de deux cents villes. Buste à dr. LVDOVICVS MAGNVS REX CHRISTIANISSIMVS. Rev. VICTORI

PERPETVO et à l'ex. OB EXPVGNATAS VRBES CC. Un amas de canons etc. Dorure comme la précédente. Mm. 62. Br. doré. Belle.

124   1685. Révocation de l'édit de **Nantes**. Buste de **Louis XIV** à dr. par R (Roussel) LVDOVICVS MAGNVS . REX . CHRISTIANISS. Rev. HAE RESIS EXTINCTA à l'exergue EDICTVM . OCTOBRIS -- D . DC . LXXXV, par Molart. La Religion foulant aux pieds l'Hérésie. Belle pièce. Mm. 72. Br. doré Rare.

125   — Bataille de **Gran** et prise de **Neuhäusel**, avec vue de la bataille et plan de la ville. Rev. Les armoiries de Bavière. Lorraine et Waldeck. PYLEN DER VERLOSSINGE TEGEN DE SYRIERS etc. Sur la tranche. DIT DEEDEN DIE DRIE HELDEN etc. Mm. 43. Ar. gr. 34. t b.c.

126   1688. Médaille offerte par les refugiés français à la ville d'Utrecht. v. Loon III 355 - 332 Ar. gr. 34. t.b.c.

127   — Emprisonnement de l'archévêque **Sancroft** et de six évêques. Franks 37. v. Loon III 362—339. Sans inscription sur la tranche. Ar. gr. 33, trouée, t.b.c.

128   — Descente de **Guillaume III** à **Torbay**. Son buste à dr. par Bower, sans la couronne dans le champ. Rev. TERRAS ASTRÆA REUSSIT. L'armée, Compz. v. Loon III 378—353 n. 3. Franks 64. Ar. gr. 20. Coulée.

129   1688. Commissaires du conseil. 1697. Prise d'Ath (Deuxième émission). 1698 Le camp de Compiègne (2me ém) 1700. Chambre de commerce (1re et 2me émission). 1710. Naissance de duc d'Anjou. Six médailles en bronze au buste de **Louis** XIV. Mm. 41.

130   1689. Inauguration de **Guillaume** III et de **Marie** d'Angleterre. Bustes accolés. Rev. Le roi et la reine assis couronnés par deux évêques. Franks n. 38. v. Loon III 407—379 n. 6. Ar. gr. 24. Coulée.

131   — Même sujet. Leurs bustes accolés à dr. Rev. INAVGVRAT . 11 . AP . 1689. v. Loon III 407—379 n. 1. Franks n. 25. **Or. gr.** 18,5. fort rare.

132   — Siéges de **Londonderry** et de **Mayence**. LVDOVIC IN GERMANIA BARBARVS — WILHELM LIBERATOR. v. Loon III 461—430. Franks 97. Ar gr. 28. Coulée. t.b.c.

133   Calendrier perpétuel et cadran solaire fort intéressant. CALENDARI-VM PERPETVVM. Gravé. Mm. 46. Ar. Beau.

134   1690. Délivrance de **Quebec** et les **Anglais** repoussés du **Canada**. Médaille au buste de **Louis** XIV à dr. par Mauger. Mm. 41. Ar. Belle. Frappe postérieure.

135   1690. **Amsterdam,** munie de nouvelles digues et écluses, d'après les plans de J. Hudde. v. Loon III 474—442. Mm. 61. Ar. gr. 67. Belle.

136   — Destruction de la maison du bailli **J. Zuylen van Nyevelt** par la populace de **Rotterdam** à l'occasion de la décapitation de **Kosterman**. v. Loon III 508 IV n. 19. Ar. gr. 63. Coulée. Belle. Rare.

137   (1690) Médaille satirique. **Guillaume III, roi d'Angleterre**. Son buste à dr. par Smeltzing. Rev. ECCE MANVS ABSALOM à l'exergue GELVC-KICH HOLLAND. v. Loon III 431—402 n. 1 Franks 101. Br. Fort rare. b.c. trouée.

138   — Couronnement de **Joseph I**, roi des Romains. Son buste couronné en habit de face. Rev. DABO TIBI VT NVLLVS VERIT SIMILIS TVI. Le roi à genoux. Belle médaille avec inscription sur tranche Mm. 45. Ar. gr. 36. Rare. t.b.c.

139 1692. L'abbé **Hippolyte Fornassari**, professeur es-droit à Bologne. Son buste à dr. par Travanus. Mm. 54. Br. Belle.

140 1692 Combat de **Steinkerque**. Buste de **Louis** XIV à dr. signé R (Roussel) LVDOVICVS . MAGNVS . REX . CHRISTIANISSIMVS . Rev. VIRTVS . PEDITVM . FRANCORVM et à l'exergue PVGNA . AD . STENKERCAM . M . DC . LXXXXII par Molart. Comparez v. Loon, IV 48—109 n. 2. Belle médaille; les légendes, les sujets et le buste dorés. Mm. 70. Br. doré. Rare

141 1693. Prise et destruction de **Heidelberg**. Buste de **Louis** XIV à dr. signé *H. ROUSSEL F.* LUDOVICUS . MAGNUS . REX . CHRISTIANISSIMUS. Rev. HEIDELBERGA . DELETA et à l'exergue M . DC . XCIII et au dessous *H. ROVSSEL F.* La fleuve du Necker assise contemple avec douleur la ville de Heidelberg versant des pleurs sur l'écusson de ses armes. Dans le fond. **Heidelberg** en proie à l'incendie. Superbe médaille dont le buste, les légendes et les sujets se détachent en or sur un fond bruni et luisant. Manque à van Loon. Mm. 75. Br. doré. Extrêmement rare.

142 — Bataille de **Nerwinde**. Buste de **Louis** XIV à dr. par Roussel. LVDOVICVS . MAGNVS . REX CHRISTIANISS. Revers Par Molart, Comparez v. Loon IV 79—138 n. 1. Autre gravure, Dorure comme de la précédente. Mm. 72. Br. doré. Superbe

143 1694. Bataille **du Ter**. Buste comme de la précédente. Rev. VICTORIA CELTIBERICA et à l'exergue AD . TERAM . FL M . DC . LXXXXIV et au dessous *Molart f.* La Victoire debout. Dorure comme des précédentes. Mm. 72. Br. doré. Superbe.

144 1694. Fête séculaire de la délivrance de **Groningue**. v. Loon IV. 116-175 n. 1. Ar. gr. 38. Belle.

145 1696. Troubles à Amsterdam à l'occasion d'un nouveau règlement sur les funérailles. Médaille par Arondeaux. v. Loon IT. 161—221 n. 2. Ar. gr. 47. Belle.

146 -- Médaille sur le même sujet. Scène des troubles sur le Dam. Rev. Distribution des médailles commémoratives. v. Loon IV. 162—222. Ar. gr. 85. Superbe et rare.

147 — Médaille de la diète de la **Frise**, au buste de **Henri Casimir Stadthouder**. HENR . CASIM . D . G . PR . NASS . GVB . HÆR . FRIS. Son buste à dr. Rev. Ses armoiries entourées des 11 armoiries des villes. Légende INSIG . PR . NASS . ET . VRB . FRIS. v. Loon IV, éd. holl. 169, éd. fr. 229. **Or.** gr. 23,5 Superbe et fort rare.

148 1697. Prise **d'Ath**, de **Barcelone** et de **Carthagène** en **Amérique**. Buste de **Louis** XIV à dr. par Roussel. LVDOVICVS MAGNVS . REX . CHRISTIANISSIMVS Rev. La Victoire tenant une palme écrivant sur des boucliers suspendus à un palmier. *Ad Barcinonem Hispaniae ad Atham Flandriae ad Carthaginem novi orbis.* Le buste, les légendes et les sujets dorés. Mm. 69. Br. doré. Fort rare. Superbe.

149 1697. Paix de **Ryswick**. Médaille offerte aux magistrats d'Amsterdam. Les armoiries couronnées d'Amsterdam entourées des 36 armoiries des conseillers. Rev. TENET ÆQUORA TUTA. v. Loon éd holl. 213, éd. fr. 271,3. Mm. 74. Br. t.b.c.

150 -- Même sujet. Petite médaille de la ville de Muiden. v. Loon IV 190-248 n. 2. Ar. Belle. 2 pièces.

151 S.d. Jeton de jeu en or. PAVLVS AD FIDEM et Rev. PAVLVS AD VITEM. Mm. 15. Or. gr. 0,8. t.b.c.

152 Suite de 10 jetons de jeu gravés. Mm. 25 et une suite de 14 jetons de jeu gravés. Mm. 17. Ar.

153 1698. Mort de **Balthasar Bekker** ministre réformé, qui prêcha contre l'existence du diable. v. Loon IV 225—283 n. 2. Ar. gr. 49. Belle.

154 1700. Médaille au buste en médaillon du pape **Innocent XII** sur le jubilé de l'église. Par Arondeaux. Mm. 39. Ar. gr. 24. t b.c.

155 — Mort du pape **Innocent XII.** Son buste à dr. par Hameranus. Rev. DOMVS DEI ET PORTA COELI. Ar. gr. 36. b.c.

156 1702. Mort de **Guillaume** III de **Nassau-Orange** roi d'Angleterre. Son buste à dr. par Smeltzing. v. Loon IV 283—339 n 3. Franks 550. Ar. gr. 55. Coulée.

157 — Inauguration d'**Anne**, reine d'**Angleterre.** Buste à g. v. Loon IV 291—347 n. 1. Ar. gr. 16. Superbe.

158 1704. Troubles à **Middelbourg.** Belle médaille par Dishoecke. v. Loon IV 415—463. Ar. gr. 57.

159 — **Gibraltar** prise par les flottes angla-hollandaises, combat de **Malaga**, victoires de **Donauwerth** et de **Höchstadt.** v. Loon IV 405,3. Franks 70. Ar. gr. 26. t.b.c. Rare.

160 1705. **Pierre Kodde,** archévêque de **Sébaste**, retenu à Rome, soutenu par les Pays-Bas. Schisme dans l'église catholique des Provinces Unies. Buste de l'archévêque à dr. v. Loon IV 419—467. Ar. gr. 37. Belle.

161 1706. **Lyns Claesz. Schaep** gagne 15000 florins de la lotterie de la ville d'**Enkhuyse.** Méd. gravée. Mm. 35. Rare. Ar. gr. 15. t.b.c.

162 — Phénomène observée en Espagne. Médaille carrée allemande, deux guerriers combattant au ciel. v. Loon IV 447—V27 n. 1. Ar. gr. 14,5. Belle.

163 — Victoire de la reine **Anne** sur **Louis XIV.** Abimélech tué par une femme. v. Loon IV 460—V39 n. 3. Franks 98. Ar. gr. 30. Belle.

164 1707. Union de **l'Angleterre** et de **l'Ecosse.** Buste de la reine **Anne** à g. par John Croker. Rev. Armoiries. Franks p. 296 n. 111. Ar. gr. 15. Belle.

165 1708 **Bruxelles** délivrée par les soins des députés hollandais **F. A. van Rheede** baron de **Renswoude** et **Johan van den Berg** bourgmestre de Leyde. Leurs bustes accolés par Smeltzing v. Loon IV 540 V 116 n. 2. Ar. gr. 23. Superbe.

166 1709. Mèdaille obituaire ovale. *Den dach des doots is beter als den dag der geboorte.* Sur un ruban. *Salich syn de dooden.* etc. Rev. Gravée. *Ter Gedagtenisse van Geertriij van Attenhoren geboren den 14 Sep. 1654 sterft den 11 Meij 1709.* Mm. $^{40}/_{60}$. Ar. gr. 38. Rare. Belle.

167 1712. Jubilé séculaire du dessèchement du Lac de **Beemster** aux armoiries des *Ruytenburg, Coymans, Bernard, Alewyn, van der Poll, Wybo, Trerschouw, Loosen, ten Grootenhuys* et *Baars.* v. Loon IV 652, V 222. Ar. gr. 91. Superbe.

168 1714. Couronnement de **George I** d'**Angleterrn.** v. Loon IV 686, V 255. Franks n 9. Ar. gr. 15. Belle.

169 1714. Statue équestre de **Louis** XIV érigée à Lyon sous le gouverneur Villeroy. LUDOVICO MAGNO VICTORI PACIFICO. Rev. Légende en II lignes QUOD SAEVISSIMO BELLO FELICITER CONFECTO etc. La statue et les légendes dorées. Mm. 72. Br. doré. Belle.

170 1715. Mort de **Louis** XIV. Son buste à dr. Rev. *Causa laboris Eram redeunte quiete quiesco.* Mm. 35. Br. t.b.c.

171 S.d. Médaille de prix pour les jeunes pauvres de **Rotterdam,** donnée par van **Teylingen** et **Bouwer, Mr. Isaac van Teylingen en Geertruyda Johanna Bouwer.** Les armoiries couronnées des van Teylingen et Bouwer, des-

sous les armoiries de **Rotterdam**. Rev. *Van Teylingen en Bouwer ijgen dee: prys, aan Rotte's arme jeugd ten loon van haar verdienste en deugd, ten spoor in ryper levens tyen*. Mm. 33. Ar. gr. 11. Rare. t.b.c.

172   1717. Deuxième fête séculaire de la réformation. Luther debout. Médaille aux légendes hollandaises. v. Loon. Supplément n. 19. Ar. gr. 41. Belle.

173   — Même jubilé. Buste de **Luther** à dr. signé M. Petite médaille. Mm. 33. Ar. gr. 14. Belle.

174   S d. Médaille municipale de **Rotterdam**. La Meuse couchée, deux génies portant une corne d'abondance. Rev. Les armoiries de Rotterdam. DATA PER RIVOS FLVMENQ etc. v. Orden. pl. XIII,4. **Or.** Gr. 27,5. F.d.c. Rare.

175   1722. Mort du duc de **Marlborough**. Son buste à dr. par Vestner. IOHANES CHVRCHIL . S . R . I . P . DVX DE MARLBOROVGH. Franks 67. Mm. 48. Br. Coulée.

176   **Louis** XV, couronné roi de **France à Reims**. Beau jeton au buste couronné à dr. Ar.

177   1727. Couronnement de **George II d'Angleterre**. Franks 4. Ar. gr. 18. Belle.

178   — Couronnement de la reine **Caroline d'Angleterre**. Son buste à g. par Croker. Franks 8. Ar. gr. 18. Belle.

179   1730. Deuxième fête séculaire de la confession d'**Augsbourg**. Petite médaille par D (Dockler) aux bustes de **Luther** et **Melanchton**. Rev. Le Christ dans les nuages. Mm. 32. Ar. gr. 14,8. Belle.

180   -- Même sujet. Médaille comme boîte aux bustes accolés de Luther et de Melanchton à dr. Rev. EIN GVT BEKENTVS VOR VIELEN ZEVGEN. Avec 23 épisodes imprimées en couleur. Ar. t.b.c. Rare.

181   1731. Traité conclu à **Vienne** entre l'Allemagne, l'Angleterre et les Provinces-Unies. Les bustes opposés de **Charles** VI empereur d'Allemagne et George II roi d'Angleterre. Franks 40. v. Loon Suppl. n. 59. Méd. en papier. t.b.c.

182   1733. Réception des émigrants de **Salzbourg** en Prusse. Belle médaille comme boîte *Nach Preussen hat euch Gott gesandt*, avec 17 épisodes imprimées en couleur. Ar. Belle.

183   — Réception des émigrants de **Salzbourg** dans les **Pays-Bas**. Médaille comme boîte renfermant 17 épisodes imprimées en couleur. Ar. t.b.c.

184   1734. Mariage de prince **Guillaume** (IV) de **Nassau-Orange** et de la princesse **Anne d'Angleterre**. v. Loon. Suppl. 88. Franks 56 Ar. Belle. Rare.

185   1736. Fondation de la Bourse à **Rotterdam**. Superbe médaille avec vue de l'édifice par M. Holtzhey. van Loon Suppl. n. 107. Ar. gr. 77. Belle.

186   — Fête séculaire de l'académie d'**Utrecht**, fort belle médaille par Drapentier. v. Loon Suppl. 104. Ar. gr. 81,5. Superbe.

187   1738. Jubilé de 25 ans de la paix d'**Utrecht**. Médaille par van Swinderen aux armoiries de l'Empire, de *la France*, de *l'Angleterre*, de *l'Espagne*, du *Portugal*, du *Danemarc* et de la *Pologne*. Franks 85. v. Loon. Suppl. 127. Ar. gr. 62. Superbe et rare.

188   -- Jubilé du théâtre à **Amsterdam**, aux armoiries des: *Slicher, Pyl, van der Ghiessen, de Witt, Voordaach, van der Meer, Oortman, Hartsinck, Hooft* et *van Rugge*. Belle médaille par M. Holtzhey. v. Loon. Suppl. 125. Ar. gr. 46.

189   — Noces d'argent de **Willem van Citters**, huit fois bourgmestre de **Middelbourg** et de **Maria Kien**. Fort belle médaille à leurs armoiries, par M. Holtzhey. Manque à van Loon. Mm. 71. Ar. gr. 114. Rare.

190 1740. Troisième fête séculaire de l'invention de la typographie. Méd. au buste à dr. presque de face de **Laurens Jansz. Coster.** par M. Holtzhey. v. Loon Suppl. 146. Ar. gr. 32. Belle.

191 — Même sujet. Son buste à g. par G. Marshoorn. Rev. Une presse. v. Loon Suppl. 144. Ar. gr. 18. Belle. Rare.

192 1741. Jubilé du „**Saalhal**" (la Salle des drapiers) à Amsterdam. Médaille par Holtzhey, v. Loon. Suppl. 162. Ar. gr. 27. Belle.

193 — Jubilé de la communauté réformée de **Bois-le-Duc.** CLASSIS SILVA-DVCENSIS etc. v. Loon Suppl. 219. Ar. gr. 13 Belle.

194 1742. **Nicolaas van der Zijl** pendant 50 ans batelier entre **Delft** et **Amsterdam.** Rare. Ar. gr. 46. t.b.c.

195 — **Gustave Guillaume baron d'Imhoff** nommé Gouverneur-Général pour les Indes-néerlandaises. Superbe médaille par M. Holtzhey au buste du Gouverneur à dr. en habit Louis XIV. Rev. La Batavia assise. v. Loon Suppl. 169. Ar. gr. 141. Superbe et rare.

196 1743. Médaille sur le nouvel an SALVS PVBLICA LEX SVPREMA. v. Loon Suppl. 175. Petit module. Mm. 23. **Or.** gr. 3.5. F.d.c. Rare.

197 1744. Erection d'une statue en honneur de **Louis XV** roi de **France.** Mm. 61. Br. t.b.c.

198 — Médaille sur le nouvel an par Holtzhey, v. Loon, Suppl. 183. Ar. gr. 35 t.b.c.

199 — Prise de **Furnes** FVRNA CAPTA. Mm. 41. Br. Belle.

200 1745. Médaille sur le nouvel an. CLAVDANTVR BELLI PORTAE. **trois pièces** de module varié, dont une plus grande que v. Loon Suppl. 195. Ar. gr. 48. Belle.

201 — Position périlleuse des **Pays-Bas,** v. Loon. Suppl. 196. 2 ps. Ar. gr 30,5. Belles

202 1746. Réouverture de la Monnaie de Westfrise à **Medemblik** pour dix ans. v. Loon, Suppl. 220. Ar. gr. 45. Belle.

203 1747. Le traité de barrière rompu par la France. Compz. Suppl. 221. Mm. 43. Ar. gr. 28. Belle.

204 — Même sujet. Variété de cette médaille. petit module fr. en **Or.** Rare gr. 2,7. Belle.

205 — **Guillaume IV** prince de **Nassau-Orange** élu Stadhouder. Son buste à dr. par M Holtzhey. Rev. FOED BELGII DICTATOR PERPETVVS CREATVS MDCCXLVII, v. Loon Suppl. 246. Ar. gr. 47. Belle.

206 — Même sujet, aux bustes opposés de **Guillaume IV** et **d'Anne d'Angleterre** par Holtzhey. v. Loon. Suppl. 223. Franks 314. Ar. gr. 29. F.d.c.

207 — Même sujet. Buste de prince à dr LIBERTATIS ET CONG . FVLCRVM. v. Loon. Suppl. 233. Ar. Belle.

208 — Le prince élu stadhouder. Son buste à dr. par Holtzhey. Rev. Le firmament et le zodiaque. v. Loon. Suppl. 243. Ar. F.d.c.

209 — Même sujet. v. Loon. Suppl. 244. Mm. 68. Br. t.b.c.

210 1747. Election du prince **Guillaume IV** de **Nassau-Orange** stadhouder des Pays-Bas. Décoration ou barige. Les armoiries couronnées HONI . SOIT . QVI MAL . Y . PENSE. Rev. Gravée *VIVAT ORANGE den 3 Mey 1747.* Mm. 44/66. Vermeil. Rare. Belle.

211 S.d. Médaille uniface au buste de **Guillaume IV** à dr. WILH . CAR . HENR . FRISO . D . G . PR . AVR . ET . NASS . GVB . HÆR . FRISLE. Mm. 35. Br. Belle.

212 1747. Médaille offerte aux gardes civiques d'Amsterdam à l'occasion de la visite du prince et de la princesse d'Orange. v. Loon. Suppl. 250

Ar. Belle. Y joint la même médaille, petit module. Ar. 2 ps.

213 — Visite de Guillaume IV à Harlem ; y point 1766 visite de Guillaume V à Utrecht. 2 pièces. Ar. gr. 19.5.

214 1748. Paix **d'Aix-la-Chapelle.** Buste de Guillaume IV à dr. Compz. van Loon Suppl. avers 259. Revers 275. Franks 343. Mm. 30. Ar. gr. 8,5 F d.c. fort rare.

215 — Même sujet, compz. v. Loon. Suppl. 275. Mm. 27 et naissance du comte de Buren. Mm. 26. Ar. t.b.c. 2 pièces.

216 S.d. Médaille au buste de **Carl August** prince de **Nassau Weilbourg** à dr. CAROLUS AVGUSTUS . D . G . S . R . I . P . NASS . WEILB. Rev. Ses armoiries et SEMPER IDEM. Ar. gr. 34. a.b.c.

217 1748, 1750 et 50. Lot de petites médailles sur le nouvel an et autres. 5 pièces. Ar. gr. 34.

218 1750, 1753 et 1754. Médaille sur le nouvel an, v. Loon. Suppl. 292, 329 et 332. 3 pièces. Ar. gr. 62.

219 1751. **Guillaume IV** installé Marquis de **Veere** et de **Flessingue**, par v. Swinderen, v. Loon Suppl. 298. Ar. gr. 9,5. F.d.c.

219α Même sujet. Belle médaille par Holtzhey. v. Loon. Suppl. 297. Ar. gr. 24. Rare.

220 1751. Mort du prince d'Orange. Petite médaille par N. v. Swinderen. La procession funéraire entrant l'église à Delft. v. Loon. Suppl. 310. Ar. gr. 15 t.b.c.

221 1751. Même sujet. v. Loon. Suppl. 300. Ar. gr. 17. trouée. Rare. b.c.

222 — Même sujet. v. Loon. Suppl. 303, var. avec I G HOLTZHEY *fe* Ar. F.d.c.

223 1752. **Harlem.** Erection d'une société hollandaise pour encourager les arts v. Loon Suppl. 328. Belle médaille par Holtzhey. Ar. gr. 67. F.d.c.

224 1754. Costitution de la place. Saint-Sulpice — Statue équestre — 1770. La Monnaie. Trois médailles au buste de **Louis XV** y joint 1638. Naissance de **Louis XIV** au buste de **Louis XIII** et 1652. Retour de **Louis XIV** à Paris. 5 pièces. Mm. 41. Br.

225 1757. Prise de **Prague** par **Frédéric le Grand** roi de **Prusse.** Son buste à g. presque de face. Mm. 38. Ae argentée. t.b.c.

226 1761. Allusion à la guerre en **Allemagne.** Médaille sur le nouvel an. TRISTIS . EVROPAE STATVS. v. Loon Suppl. 362. Ar. gr. 27. F.d.c.

227 1762. Médaille de mariage (Noces d'or) par M. Holtzhey. Mm. 42. Ar. Gr. 26. F.d.c.

228 S.d. Médaille de mariage (Noces d'argent) par M. Holtzhey. Mm. 48 Ar. Gr. 45. Belle.

229 1764. Inauguration de l'Empereur **Joseph** à **Franckfort.** Jeton en argent. F.d.c.

230 — Mésures contre la crise financière dans plusieurs villes de l'Europe. Méd. sur le nouvel an. v. Loon Suppl. 362. A. gr. 25 trouée, t.b.c.

231 1766. **Amsterdam.** Fête séculaire de l'orphélinat des pauvres, aux armoiries des directeurs, v. Loon Suppl. 379. Ar. gr. 45 F.d.c.

232 1765. Le nouvel an. Les quatre saisons représentés par quatre enfants. QUATUOR ANNI TEMPORA. Par Andels. Ar. gr. 16 t.b c.

233 1766. Inauguration de **Guillaume V** de **Nassau-Orange.** Petite médaille, v. Loon, Suppl. 388. Ae F.d.c.

234 — Même sujet. Buste à dr. par J. G. Holtzhey. Rev. VT PATRIAE PATER SIT. v. Loon. Suppl. 382. Ar. gr. 27,5. Belle.

235 1766. Médaille de la Diète de la **Frise** au buste du prince **Guillaume V**
à dr. par Holtzhey. Rev. Ses armories entourées des 11 armoiries des
villes. v. Loon Suppl. 392. **Or.** gr. 26 t.b.c. Extrêmement rare.

236 — Même médaille. Autre gravure. Les armoiries du prince et le cha-
peau plus grandes. Comp. v. Loon Suppl. 392. **Or.** gr. 25 Superbe
Extrêmement rare.

237 — **Guillaume V** inauguré marquis de **Vere** et de **Flessingue.** v. Loon
Suppl. 408. Ar. F.d.c.

238 1767. Mariage de **Guillaume V** prince de **Nassau-Orange** et de **Sophie Wilhelmine** princesse de **Prusse.** Buste du Prince à dr. Rev. Buste de la
princesse à g. Belle médaille par J. G. Holtzhey. v. Loon Suppl. 413.
Or. gr. 17. Extrêmement rare, trouée.

239 1768. **B. van Nes** pendant 50 ans Bailli et Sécrétaire de Schooten etc.
par J. G. Holtzhey. v. Loon Suppl. 420. Ar. gr. 20 F.d.c.

240 — **Guillaume V** et **Sophie Wilhelmina de Prusse** visitent **Amsterdam.** Méd.
offerte aux gardes civiques, v. Loon Suppl. 424. Ar. gr. 27. F.d.c.

241 Même médaille, module plus petit. Mm. 34. Ar. gr. 11
2 pièces.

242 (1769) Médaille de prix par Calker, de la société Zéelandaise pour encourager les arts. v. Loon Suppl. 471. Etain. Belle.

243 1770. Accouchement de la princesse d'Orange „*Op de Gelukkige Beval-
ling*" v. Loon Suppl. 442. Ar. F.d.c.

244 — **Wurtemberg.** Belle médaille par Werner au buste du duc **Charles**
à dr. fondateur de l'école militaire CAROLUS . D . G . WURT .
DVX FVNDATOR SEMINARII MILIT. Mm. 54. Ar. gr. 44. F.d.c.

245 1772. Deuxième fête séculaire de la prise de **Brielle.** v. Loon Suppl.
465. Ar. gr. 28 t.b.c.

246 Lot de 8 petites médailles en argent. Ar. gr. 90.

247 1773. Jubilé de la délivrance de **Groningue.** Suppl. 485. 1774. Jubilé de
la délivrance de **Leyde** 2 ps. et d'Alckmaar, Suppl. 493a et 484 et 1775
jubilé de l'académie de **Leyde.** 5 pièces. Ar. gr. 45.5. Belles

248 1775. Couronnement de **Louis XVI** roi de **France** à **Reims.** Son buste couronné à dr. par Duvivier. Mm. 38. Ar. gr. 27. Superbe.

249 1779. Victoires des Anglais sur les Américains de **Rhode Island.** Fonro-
bert 5123. Ae t.b.c.

250 Médaille au buste à g. de **Moses Mendelssohn** le célèbre philosophe. Rev.
PHAEDON et à l'exergue NATUS MDCCXXIX. Mm. 44. Ar. gr. 25
t.b.c.

251 1781. L'Aviso du capitaine **van der Wint** avertit les vaisseaux hollandais
de ladéclaration de guerre de l'Angleterre aux Pays-Bas. v. Loon
Suppl. 554 Ar. Belle.

252 — Combat naval de **Doggersbank** aux noms des capitaines. v. Loon
Suppl. 562. Ar. Belle.

253 — Médaille par van **Berckel** au buste de **Joseph II** empereur d'Autriche
duc de Brabant et comte de Flandre. Rev. VINCVLVM FIDELITATIS
PVBLICAE Mm. 41. Ar. gr. 26. F.d.c.

254 1782. Le Vaisseau „**Hercules**" construit par J. Spaan à Dordrecht pour
la guerre avec l'Angleterre. Belle médaille rare par van Baerll. v. Loon
Suppl. 571. Ar. gr. 66. Superbe.

255 — **John Adams** reçu en **Frise** comme abassadeur des Etats Unis de
l'Amérique. v. Loon Suppl. 572. Ar. gr. 28,5. Belle.

256 1782. Les Etats d'Overijssel réadmettent **Joh. D. van der Capellen tot de Pol,** par J. G. Lageman, v. Loon. Suppl. 578. Ar. f.d.c.

257 — Même sujet au buste de v. d. Capellen à dr. v. Loon Suppl. 579 Ar. gr. 39 F.d.c.

258 — Médaille en étain aux bustes opposés de **Joseph II** empereur d'Allemagne et du pape **Pie VI.** Mm. 42. Étain. t.b.c.

259 1783. Médaille de la Société des francs-tireurs à Utrecht avec les drapeaux des huit compagnies. Par de Meyer. v. Loon Suppl, **596b.** Ar. F.d.c.

260 1785. **Bern. Blok** élu à l'unanimité sécrétaire du conseil de **Westfrise.** Méd. offerte par la Société patriotique à Enkhuyse. par J. G. Holtzhey. v. Loon Suppl. 624. Ar. Rare. Belle.

261 1786 Jubilé de 150 ans de l'université d'Utrecht, par de Meyer, v. Loon Suppl. 643 Ar. t.b.c.

262 — La garde civique d'Utrecht prête serment au nouveau réglement. Suppl. 639B Ar. F d.c.

263 — Médaille portative des patriotes au buste du bourgmestre **H. Hooft, d'Amsterdam**. v. Loon Suppl 656. Ar. Belle.

264 -- Mort de **Frédéric le Grand** roi de **Prusse.** Son buste casqué à g. par Holtzhey. FRID . INCOMPARABILIS DEI GRATIA REX BORVSS ETC. Rev. RESTABAT ALIVD NIHIL. Mm. 45. Ar. gr. 25. F.d.c.

265 1787. Médaille offerte aux volontaires de Rotterdam. *Erkentenis voor de bewaarde Rust binnen de stad etc.* Suppl. 696. Ar gr. 15. Belle.

266 — Belle médaille au buste à dr. de **Carl Wilhelm** duc de **Brunswick** RESTAVRATOR CONCORDIAE BELGICÆ. Rev. Les armoiries des sept provinces, v. Loon Suppl. 712. Ar. gr. 33.5 Belle.

267 1787. Médaille orangiste portative. Buste du prince à g. v. Loon. Suppl. 728. Ar. Belle.

268 — Même médaille. Compz. v. Loon. Suppl. 732. Ar. Belle.

269 -- Même médaille. Son buste à dr. v. Loon Suppl. 726. **Ar.** Belle

270 S.d. Jeton octogone au buste de **Louis XVI** roi de **France** à dr. signé Gatteaux. Rev. Monogramme couronnée. Ar. t.b.c.

271 S.d. Jeton octogone au buste de **Louis XVI** par Duvivier. Rev. COMITIA FLANDRIÆ WALLONENSIS. Ar. F.d.c.

272 1788. Médaille frappée par les Etats de Gueldre à l'occassion de la Restauration. v. Loon. Suppl. 776. Ar. gr. 30. F.d.c.

273 1789. Prise de la Bastille. Belle médaille par Rogat en 1844. Mm. 42. Br.

274 1790. Mariage de **Charles Aug.** duc de **Brunswick** et de **Frédérique Louise Wilhelmine d'Orange.** par Lageman. Suppl. 794. Ar. F.d.c.

275 1791. Belle médaille au buste de l'empereur **Léopold II** à dr. LEOPOLD . II . AVG . DVX . BVRG . BRAB . COM . FLAN. Rev. SIC FOEDERA IVNGVNT à l'exergue MDCCXCI. Mm. 47. Ar. gr. 17. Belle et rare.

276 1793. Décapitation de **Louis XVI** roi de France. **Pleurés Et Vengés Le.** Ar. F.d.c.

277 1793. Inauguration de l'Eglise luthérienne *(Hersteld Luthersche)* à Amsterdam, par Lageman. v. Loon Suppl. 811. Ar. F.d.c.

278 1795. Médaille de la Société agricole à Amsterdam en honneur de **Jeronimo de Bosch** sécrétaire. Suppl. 506. Ar. gr. 90. Belle·

279 -- Médaille au buste nu de **Bonaparte** à dr. BONAPARTE . REIP . ITAL . PRAESES ANNO III. Rev. DVX . TVTVS . AB . INSIDIIS. signée LM. Mm. 60. Br. Belle et rare.

280   1799. Expédition anglo-russe en Hollande. Victoire de Brune près de **Castricum** par Holtzhey. v. Loon Suppl. 850. Ar. gr. 25. F.d.c.

281   1799/1800. Médaille par Loos ZUM SCHLUSS DES ACHTZEHNTEN IAHRHUNDERTS. Ar. gr. 14 F.d.c.

282   1801. Paix de **Lunéville**. *Preliminaries of Peace between Great Britain and France*. v. Loon Suppl. 864. Mm. 41. Br doré t.b.c.

283   1803. Noces d'argent de **Dirk Doesburg** et d'**Alida Veldman**. Mm. 45. Ar. Gr. 27 F.d.c.

284   1804. *Comptoires van Slands en Stads Impost.* v. Loon Suppl. 889. Br. t.b.c.

285   1805. Visite de **Pie VII** à la Monnaie des Médailles à **Paris**, par Droz. Mm. 40. Br. Belle.

286   — Calendrier pour l'an 1805 de la ville de **Hambourg** CALENDER FUR HAMBURG. Mm. 44. Ar. Belle.

287   S d. Buste de **Napoléon** à dr. par Andrieu. Rev. L'ordre de la légion d'honneur. Mm. 40. Br. t.b.c.

288   1806. *Kiezers Penning Rynland.* Nahuys pl. I n. 6. Ar. gr. 22. F.d.c.

289   1807. Séjour de **Napoléon I** empereur de France à **Dresde**. Son buste à dr. par Hoeckner. NAPOLEO IMP. GALL. ET REX HOSPES DRESDAE. Rev. Buste de **Frédéric August** roi de **Saxe** à g. FRID . AVGVST . REX SAXONIAE VARSOVIAE DVX. Mm. 41. Ar. Belle et rare.

290   Paix de **Tilsit**. Bustes de **Napoléon, Alexandre I** de Russie et **Friedr. Wilhelm III** de **Prusse** accolés à dr. par Andrieu. Rev. Le Niemen couché. Nahuys pl. V n. 31. Mm. 40. Br. Belle.

291   — Construction des écluses du Rhin à Katwijk. Nahuys pl. V n. 33. Ar. gr. 59,5. F.d.c.

292   1809. Les aqueducs. Buste de Napoléon à dr. Rev. AQVILA REDVX. Mm. 41. Br. t.b.c.

293   1810. Eglise en mémoire de **Louise Aug. Wilhelmine** reine de **Prusse** mort le 19 Juillet de cette année, par Loos. Mm. 35. Br. F.d.c.

294   1813. **Guillaume VI** prince d'**Orange** prince souverain. Rev. TOT HEIL DES VOLKS. Dirks n. 9. Ar. Belle et fort rare.

295   S.d. Médaille au buste à g. de **Guillaume Frédéric** prince d'**Orange** par Simon. Dirks 88. Mm. 47. Br.

296   1814. **Louis** XVIII roi de France, retour en France et charte constitutionnelle, 2 ps. Mm. 40. Br.

297   — Entrée de **Louis** XVIII dans Paris, par Andrieu. Mm. 50. Br. t.b.c.

298   1815. **Louis** XVIII. Constance du roi pendant les 100 jours, par Andrieu. Mm. 50. Br. Belle.

299   — Enterrement des cendres de son frère **Louis** XVI et de **Marie Antoinette**, par Andrieu. Mm. 50. Br. t.b.c.

300   1816. Le Grand Orient érigé et le Prince Frédéric nommé Grand-maître. Son buste à g. par Simon. INST ∴ DE LA GR ∴ L ∴ D'ADM ∴ DES PROV ∴ MERID ∴ DU ROYAUME DES PAYS-BAS. Dirks 79. Ar. Belle et fort rare.

301   1817. Statue équestre en mémoire de **Henri IV**, érigée par **Louis** XVIII. Mm. 23. Ar. F.d.c.

302   1818. **Charles Philippe** de France visite la Monnaie de Paris, par Tiolier. *S. A. R. Monsieur Frère Du Roi Colonel Général Des Gardes Nationales Visite La Monnaie De Paris.* Mm. 38. Br. F.d.c.

303   1822. Statue équestre en honneur de **Louis** XIV. Buste de **Louis** XVIII à g. par. Gayrard. Mm. 50. Ar. gr. 73. F.d.c.

304   1823. **Louis** XVIII. Statue en honneur de **Turenne**, par Andrieu, Mm. 50. Br. t.b.c.

305   — Suppression des rébelles en Espagne, par Gayrard. Mm. 50. Br. t.b.c.

306   -- Même sujet, le trône restitué à Ferdinand VII. Lég. en 9 lignes par Andrieu. Mm 50. Br. t.b.c.

307   1825. Statue équestre de **Louis** XIV. Méd. par Galle aux bustes de **Louis** XVIII et de **Charles** X. Mm. 50. Br. t.b.c.

308   1826. Voyage de découvertes de la corvette L'Astrolabe. Médaille au buste de Charles X à g. par Depaulis. Mm. 50. Br. t.b.c.

309   1829. Statue équestre érigée en mémoire de **Louis** XIII. Superbe médaille par Gatteaux aux bustes superposés de **Louis** XVIII et de **Charles X.** Mm. 50. Ar. Gr. 77. F.d.c.

310   S.d. Médaille au buste de l'empereur d'Allemagne **Charles** IV. Rev. *Kurfürst Otto uebergiebt die Mark Brandenburg dem Kaiser.* Mm. 50. Br. Belle.

311   1838. Médaille de prix. Revers gravée. L'écusson **d'Alkmaar.** *De stad Alkmaar aan J. Metz Burnkink 1838.* Dirks 118. Mm. 38. Ar. gr. 23. t.b.c.

312   1839. Canaux et Chemins de fer inaugurés par **Léopold** I roi des Belges, par Braemt. Mm. 46. Br. t.b.c.

313   1841. **Brèsil.** Couronnement de l'empereur **Pedro** II. PETRVS II BRAS IMP. Rev. L'empereur assis sur son trône couronné par un Indien. Superbe médaille par Azevedo. Mm. 59. Ar. gr. 108. Rare.

314   1842. Mariage de **Wilhelmine Sophie Marie Louise** princesse des **Pays-Bas** et **Charles Alexandre August** grand-duc héréditaire **de Saxe Weimar Eisenach.** Dirks 605. Br. t.b.c.

315   1843. Inauguration du chemin de fer de **Verviers** à **Aix-la-Chapelle** au buste de Léopold I par Hart. Mm. 72 Br. t.b.c.

316   1847. Chemins de fer de la Flandre occidentale. Inauguration de la Station à **Lichtervelde**, par Wurden. Mm. 40. Br. t.b.c. Rare.

317   1852. **France.** Proclamation de l'Empire. Superbe médaille par Caqué au buste de Napoléon III à g. NAPOLEON III EMPEREUR Rev. **C. F. de Persigny, Ministre de l'Interieur. J. J. Berger Préfet de la Seine.** Dans une couronne de laurier *2 Xbre 1852. Proclamation de l'Empire à l'Hotel de Ville de Paris.* Mm. 76. Ar. gr. 233. Belle.

318   — Statue érigée en mémoire de **Rembrandt van Rijn.** Dirks 728. Mm. 72 Br. t.b.c.

319   — Même sujet. Dirks 729. Br. F.d.c.

320   1855. Siége de **Sébastopol** par les armées française, anglaise et turque. Vue de la péninsule. Mm. 41. Br. t.b.c.

321   1856. Erection d'une statue pour **Laurens Jansz. Koster** inventeur de la typographie à Harlem, par Elion. Dirks 779. Mm. 74. Br. t.b.c.

322   S.d. Médaille de l'Académie royale de beaux arts au buste de **Friedrich Wilhelm** III roi de **Prusse** à g. par Jachtmann. Mm. 47. Br. Belle.

323   1856. *Hulde aan de Staten van Gelderland wegens het billijk en regtvaardig afstemmen en verwerpen van het ontwerp-reglement op het kanaal (Waterschap) van Steenenhoek.* Dirks 812. Ar. F.d.c. Rare.

324   1865 **Abraham Lincoln President of the United States** mort en 1865. Son buste à dr. Rev. **With Malice towards none with Charity for All.** *4th March 1865.* Dans le champ ABOLITION OF SLAVERY PROCLAIMED SEPTEMBER 22nd 1862. Belle médaille dans un encadrement en bronze doré. Mm. 70. Rare.

325 1870. Bombardement de **Strasbourg**. Médaille en cuivre provenant de la Grande nef de la Cathédrale Mm. 40. t.b.c.

326 1871. Médaille au buste de l'empereur **Wilhelm I** entouré des noms des batailles et des généraux, par *Karl Wiener*. Mm. 75. Br. argenté b.c.

327 — Retour de l'empereur **Guillaume I** à **Berlin**. Son buste à dr. par Kullrich. Rev. l'Allemagne assise entre la Lorraine et l'Alsace. **Berlin 16 Juni 1871**. Réprésentation artistique des troupes sortantes et retournantes. Superbe médaillon. Mm. 85. Ar. gr. 249. Fort rare. F.d.c.

328 1873. **Rembrandt van Rijn**. Superbe médaillon au buste à g. en bonnet du peintre célèbre REMBRANDT HERMANSZ VAN RYN, NÉ A LEYDE 15 JUILLET 1606, MORT A AMSTERDAM, ET ENTERRÉ 8 OCTOBRE 1669, par M. G. de Vries Jr. Rev. MUSÉE D'AMSTERDAM - LA RONDE DE NUIT. Réprésentation de ce superbe tableau. Mm. 110. Ar. gr. 355. Superbe. Fort rare.

329 — Même médaille en bronze. Superbe. Fort rare.

330 s.d. Belle médaille au buste de **Mac Mahon**, président de la république française à g. par Tasset. Rev. *Société nationale du tir des communes. A Duquesne Directeur*, dans un encadrement. Mm. 80. Br. dorée. Superbe.

331 1875. **Guillaume III** 25 ans roi des **Pays-Bas**. Son buste en médaillon à g. dans une couronne de laurier, tenue par la ville d'Amsterdam personifiée, à dr. la Renommée tenant un livre avec KONINGSFEEST 12 MEI 1874. Rev. **Het feestvierend Amsterdam op 's Konings jubilee 1849 — 12 Mei — 1874**. Dans une couronne de laurier. **Voor iederen vorst uit het huis van Oranje Nassau afgebeden ; Door Koning Willem III het Eerst beleefd** Superbe médaille par J. Elion. Mm. 75. Extrêmement rare.

332 - **Luxembourg** 25me Anniversaire de la Lieutenance de S. A. R. le Prince **Henri** des **Pays-Bas** Son buste à dr. Rev. Exposition internationale d'agriculture et d'horticulture du Grand-duché de Luxembourg 5, 6 et 7 Octobre 1875. Belle médaille par Hart. Mm. 50. Ar. gr. 49. Rare. F.d.c.

333 1879. Mariage du roi **Guillaume III** avec **Emma de Waldeck Pyrmont**. Entrée à Amsterdam. La ville d'Amsterdam personifiée reçoit le roi et la reine, dessous l'écusson de la ville d'Amsterdam. Rev. **Plechtige intocht van het koninklijk echtpaar — 20 Januari 1879.** — Dans une couronne de laurier. **Aan koning Willem III en koningin Emma. — Het feestvierend Amsterdam.** Médaille par Elion. Mm. 75. Essai en étain. Fort rare.

334 1888. **Autriche.** 40me anniversaire du règne de **Franz Joseph I**. Superbe médaille de la société numismatique de Vienne, par Leiser. Son buste à dr. Rev. Sous une couronne légende en 8 lignes. Mm. 47. Ar. F.d.c.

335 1890. Société royale d'Horticulture à Liége. Médaille de prix à *Claassen à Harlem Jacinthes 1890*. Belle médaille par Wiener. Mm. 48. Vermeil gr 46.

336 1881. Fundations de **Renswoude**. Buste de la Douairière van Reede van Renswoude, comme Dirks 778. Revers. **Aan haren Secretaris-Rentmeester Mr. C. G. C. van Hengst de fundatie der vrijvrouwe van Renswoude te Utrecht 1861 - 1881.** Cat. Menger n. 681. Mm. 69. Br. Belle.

337 1889. Plaque en argent offerte par les membres à la société. „**De Broederschap**" à l'occasion de son 2me anniversaire *Vereeniging „De Broederschap". Souvenir Aangeboden ter herinnering aan het tweede Jaarfeest 9 November 1889 door de Dames en Heeren leden der Vereeniging 1887, 1 November 1889.* Mm. 88/124. Ar. Belle.

338 1891. Médaille aux bustes de face de la reine **Wilhelmina** et de la reine régente **Emma**. Rev. Le Palais „t Loo". Cat. Menger 770. Mm. 49. Br. Belle.

339 1892. 4me Tête séculaire de la découverte de l'Amérique par **Columbus**. Tête de la Liberté à g. Rev. Columbus et ses hommes. *United we Stand Divided we fall.* Mm. 89. Aluminium. Belle.

Médailles de médecins, physiciens, Aéronautes.

340 **Afzelius**. P. V. 1835. Pendant 50 ans médecin. Son buste à dr. Rudolphi 570. Mm. 49. Br. t b.c.

341 **Andreani**. P. Aéronaute. 1784. Son buste à dr. par Guillemard. PAVLVS ANDREANIVS PATR . MEDIOL . AERONAVTA. Mm. 43 Etain. t.b.c.

342 **Blanchard. M.** Aéronaute. 1789. Ascension à Breslau. Ar. Mm. 28. t.b.c. Avec oeuillet.

343 — Ascension à **Frankfurt**. Son buste à g. par Reich. Mm. 46. Etain. t.b.c. Rare.

344 **Blanchard. J. P.** Son buste à dr. par Loos. Rev. Son ascension à Warschau en 1788. Mm. 30. Ae. t.b.c.

345 — 1787. Son ascension à **Nurnberg**. Mm. 47. Etain. Belle.

346 — Même sujet BLANCARDO ARTEM AERONAUTICAM EXERCENTE NORIMBERGAE. Avers. l'Aérostat. NIL MORTALIBUS ARDUUM EST. Mm. 35. Ar. Belle.

347 — Même pièce en étain, t.b c.

348 1503. **Eliaser Behr**, médecin renommé à **Lyon**. Médaillon uniface à la tête laurée à dr. entourée d'une double légende en hébreu, sous le buste VMILITAS. Revers. POST TENEBRA . SPERO LVCEM FELICITATIS IVDEX DIES VLTIMVS . D . III . M. Superbe médaillon authentique en bronze Mm. 168. De la plus haute rareté.
Voir la grarure.

349 **Berthollet. Claude Louis**. Médecin. Médaille sur sa mort en 1822. Son buste à g. par Oudiné. Mm. 50. Br. Belle.

350 **Chaufepié. Jean Henride**, chirurgien de Hambourg. Son buste à g. par Alsing. Mm. 43. Ar. gr. 37. Belle.

351 **Dittel. Léopold.** Chevalier **de** 1895. Médecin et professeur en chirurgie. Son buste à dr. par Scharff. LEOPOLDO EQ DE . DITTEL . MED . DOCT . PROFES. Rev. Légende en 14 lignes. Mm. 58. Superbe médaille. Br.

352 **Drasche Dr. Anton.** 1896. Son buste à dr. par Scharff. *Hofrath Professor Dr. Anton Drasche* dans le ch. *Geb. 2 Juli 1826.* Médaille lui offerte à l'occasion de son 70me anniversaire. Rev. Dr. Drasche assis chez un malade. Mm. 58. Br. Superbe et fort rare.

353 **Garnerin. André Jac.** et **Jeanne G.** Leurs bustes accolés à g. par Loos. Rev. Leur ascension à **Berlin** en 1803. Mm. 36. Ar. F.d.c. Rare.

354 **Haidinger Wilhelm.** Physicien renommé à Vienne. Son buste à dr. par Lange. Rev. *Nie Ermudet stille stehen MDCCCLVI.* Le hémisphéré. Mm. 64. Br. Belle. Rare.

355 **Humboldt. Alex. von.** Son buste à g. par **Pfeuffer.** Rev. Lég. en 7 lignes. Mm. 41. Br. dorée. F.d.c.

356 **Hyrtl. Joseph.** Anatomiste renommé de Vienne. Son buste en relief à dr. par Janner. Rev. Légende en 14 lignes. Mm. 70. Br. Belle. Rare.

357 **Kielmeyer. C. F.** Belle médaille au buste de ce physicien à g. par Held. Mm. 41. Br. F.d.c.

358 **Le Thieullier. L. P. Fr.** 1768, 1769, 1770. Doyen de la faculté de médecine à Paris. Jeton au buste à g. par Roetiers. fils. Ar. Beau. Original.

359 **Lunard. Vincent.** Aéronaute en Angleterre. Son buste à g. *First aerial traveller in England.* Mm. 35. Ac. t.b.c.

360 **Lytgendorf. E. J.** baron de. Aéronaute. 1786. Son ascension à Augsbourg. Son buste à g. par Dassier. Mm. 47. Etain. Belle.

361 **Mesmer. Fréd. Ant.** Son buste à g. Rev. *La Nature offre un moyen universel de guérir et de préserver les hommes. 112me anniversaire de la Naissance de Mesmer.* Mm. 45. Br. t.b.c.

362 **Montgolfier. J. et S.** Aéronautes. 1714. Deux Aérostats. AVDACIA

FELIX. Rev. PATEFACTO PER AERA ITINERE A JOSEPHO ET STEPHANO MONTGOLFIER etc. Mm. 51. Br. Belle. Rare.

363	— Même médaille. t.b.c.

364	— 1783. Leurs bustes superposés à g. par Gatteaux. *Pour avoir rendu l'air navigable.* Rev. ITINERE PER AERA FELICITATER TENTATO. Mm. 42. Br. Belle.

365	— Même avers. Revers. Expérience du champ de Mars 17 Août 1783 etc. Mm. 41. Br. b.c.

366	— 1784. *L'Aerostat nommé le De Flesselles de 100 Pds. de Dtre, sur 118 de Hr. s'est élevé à 1400 Tes de Brotteaux à Lyon monté par M. M.* **Montgolfier. L**ne **Pelatre de Rosier. Charles Prince de Ligne.** etc. Mm. 41. Br. t.b.c.

367	**Montgolfier Etienne.** Son buste à g. par Caqué. Mm. 41. Br. t.b.c.

368	**Patin M. Guy,** doyen de la Faculté de médecine à Paris 1652. Jeton au buste à dr. Ar. t.b.c. original.

369	**Potier. Gui,** médecin de **Louis XIV** et de **Casimir de Pologne** 1659. CONSERVA ME DOMINE. Son buste à dr. sous le buste Æ XL. Rev. Légende en 10 lignes GVIDO POTERIVS . V . MED . ET PHYLOSOPH DOCTOR etc. Mm. 42. Br. t.b.c. Fort rare.

370	**Romberg. M. H.** 1867. Pendant 50 ans médecin à Berlin. Son buste à g. par Küllrich, sans légende. Rev. MAURITIO HENRICO ROMBERG PER DECEM LVSTRA etc. Mm. 63. Br. Belle.

371	**Rudberg. Fréd.** Physicien et professeur à **Upsala.** Son buste à g. NAT 1810 DEN 1839. Médaille de 1863 de la société suédoise de physiciens. Mm. 30. Ar. Gr. 13. F.d c.

372	**Rudolphi. C. A.** Anatomiste renommé. Son buste à g. par Koenig. Rev. QVI OCCVLTA NATVS ANIMANTIVM INDEFESSO STVDIO etc. Mm. 42. Br. Belle.

373	**Sander Friedr. Emil.** 1878. Médaille au buste de ce médecin à dr. presque de face. Mm. 45. Br. F.d.c. Rare.

374	**Seutin. L. J.** Médecin et anatomiste belge. Son buste à g. par. L. Wiener. Mm. 60. Br. t.b.c.

375	**Stieglitz. Jo.** Médecin renommé de Hannovre. 1839. Son buste à g. par Brandt. Mm. 46. Br. Belle.

376	**Trommsdorff. Jean Barthol.** 1834. Pharmacien et chémiste renommé. Buste à dr. par Koenig. Mm. 44. Br. Belle.

377	**Vésale André.** Buste à dr. par Simon. Mm. 46. Br. t.b.c

378	**Weber. Georg Heinrich.** Médecin à **Kiel** 1824. Pendant 50 ans médecin. Son buste à g. par Jachtman. Mm. 42. Br. Belle.

379	**Wichel. Joh. Wilh. von.** Médecin militaire. Son buste à dr. par Brandt. Duisburg p. 164 n. 442. Mm. 47. Br. Belle.

380	**Wendt Joh.** Médecin à **Breslau.** Son buste à dr. par Gube. Rev. Là Hygieia assise. Mm. 45. Br. Belle.

381	**Zambecci. F.** comte de. Aéronaute. Son buste à g. Rev. PERICVLIS . FACTVS . — ANIMOSIOR. Mm. 51. Br. Coulée. b.c.

Médailles ayant rapport à la médecine aux maladies, aux hospices etc.

382 **Académie de chirurgie** érigée à **Paris**. 1691. Jeton au buste de Louis XIV. Ar. t.b.c.

383 **Amulette.** *Ehre den Artzt den der Herr hat ihn geschaffen etc.* Mm. 48. Plomb. b.c.

384 **Aumonerie.** Amsterdam 1861. Marque pour du pain des pauvres réformés. (*Broodpenning der Herv. Diaconie te Amsterdam.*) Ar. F.d.c.

385 — 1741 et 1777. Même pièce. (*Gereformeerd Diaconie Brood.*) 2 ps. Ar. F.d.c.

386 **Charité.** 1896. 25me anniversaire de la société de Charité. „*Liefdadigheid naar Vermogen*" à Amsterdam. Belle pièce par Begeer. Mm. 50. Br. F.d.c.

387 **Chirurgiens.** Méreau de la corporation des chirurgiens à Amsterdam, au nom de *Hendrick Smekes, chirurgijn.* Ae t.b c.

388 **Choléra.** 1832. Médaille de reconnaisance du comité de choléra à C. van Dokkum et autre à G. H. Reuver. 2 ps. Ar. t.b.c.

389 -- Même pièce en bronze. F.d.c.

390 **Ecoles de Médecine.** Belle médaille au buste de **Napoléon** par Andrieu à dr. Mm. 40. Br. Belle.

391 **Hospital** chrétien érigé en Angleterre en 1553. Belle médaille au buste d'**Edward VI** à dr. par *Pingo.* Rev. *Hear. Read. Mark. Learn* à l'exergue. CHRIST'S HOSPITAL INST. MDLIII. Mm. 33. Ar. F.d.c.

392 **Hortus Medicus à Amsterdam.** 1696. Méreau d'entrée au nom de **Mr. Fr. de Vroede.** Membre des commissaires du jardin communal. Ar. Belle.

393 — 1771. Au nom de P. C. van Arnhem. Mm. 50. Ae. t.b c.

394 — 1822. Au nom de Pr. Hoffenaar. Mm. 47. Ae. b.c. Coulée.

395 — Même méreau, le nom effacé. Ae. t.b.c.

396 — Petit méreau d'entrée de 1684. Vase à fleurs HORTVS MEDICVS. Uniface. Mm. 30. Ae. t.b.c.

397 **Hospice** des luthériens pauvres à **Amsterdam** 1772, par van Calker. v. Loon. Suppl. 462. Ar. gr. 15,5. F.d.c.

398 — Même sujet. v. Loon. Suppl. 461. Ar. F.d.c.

399 **Hospice** des pauvres réformés à Amsterdam. 1883. 2me Fête séculaire. Mm. 41. Ar. gr. 37,5. F.d.c.

400 -- 1783. Fête séculaire du même. v. Loon. Suppl. 585. Ar. t.b.c.

401 **Hospice** des vieillards à **Hamburg** érigé par **Hirsch Berend Oppenheimer.** Son buste à dr. par Lorenz. Mm. 45. Br. Belle.

402 **Inondations** dans les **Pays-Bas** en 1741. Médaille par van Swinderen. *Gods slaande hand etc.* v. Loon. Suppl. 158. Ar. gr. 51,5. F.d.c.

403 — de 1861. Buste de Guillaume III à dr. par v. d. Kellen. Rev. **Watersnood van 1861.** *De koning aan J. C. van Limbeek.* Ar. gr. 66. F.d.c.

404 **Orphélinat** des réformés à **Amsterdam.** 1757. Fête séculaire. Méd. par van Moelingen. Ar. F.d.c.

405 — 1857. 2me fête séculaire du même. Mm. 40. Ar. gr. 23. F.d.c.

406 **Orphélinat** des luthériens pauvres. 1771. Fête séculaire. Vue de l'édifice. v. Loon Suppl. 528a. Ar. gr. 3,5 F.d.c.

407 — Même sujet. Petite médaille frappée en **or.** v. Loon. Suppl. 530A. Or. gr. 9,3. Rare. F.d.c.

408 — Même sujet. v. Loon. Suppl. 530A et B. 2 pièces. Ar. F.d.c.

409 — Même sujet. v. Loon. Suppl. 527. Ar. F.d.c.

410 — 1882. Inauguration d'un orphélinat pour les réformés pauvres à Amsterdam. Superbe médaille par Elion avec vue de l'édifice. Mm. 70. Br. Belle. rare.

411 **Pauvres.** Médaille de récompense de **la ville de Tournay aux Maîtres des Pauvres.** Mm. 47. Br. t.b.c.

412 **Peste bovine.** 1747. Peste bovine dans les **Pays-Bas.** *Het zieke vee van stal geleid.* v. Loon. Suppl. 311. Ar. Belle.

413 **Sauvetage de noyés.** Société de sauvetage à **Amsterdam** au nom de **J. G. Waarts.** *Meruit Amstelodami* MDCCCXXXVI. Ar. gr. 18. F.d.c.

114 **Sauvetage de naufragés.** *Zuid-Hollandsche Maatschappy tot Redding van Schipbreukelingen te Rotterdam.* Médaille de récompense. Mm. 44. Br. F.d.c.

415 Médaille offerte par le roi **Guillaume** III. Son buste à dr. Rev. *Voor Menschlievend Hulpbetoon.* Mm. 50. Ar. gr. 65. F.d.c.

416 **Sauvatage de naufragés.** 1849. 25me anniversaire de la société de la Hollande septentrionale et méridionale érigée en 1824. Mm. 41. Ar. F.d.c.

417 **Sciences Physiques.** Fête sémi-séculaire de la société des sciences physiques à Groningue. 1851. Ar. gr. 18. F.d.c.

418 **Société médicale** du départem. de l'Eure. Comité central Evreux. 1806. Petite méd. en étain au buste de **Charles X** par Barre. Mm. 26. t.b.c.

419 **Société médicale** d'émulation de Paris. 1807. Au buste de **Xavier Bichat** par Galle. Mm. 28. Br. t.b.c.

420 Société académique de **Chirurgie** à Paris. 1741. Buste de **Louis** XV à dr. Ar. t.b.c.

421 **Sourds-muets.** 1840. L'Institut à Groningue au buste du **Dr. Guyot.** Ar. gr. 18. t.b.c.

422 — Insigne d'une société de **Sourds muets** à Amsterdam. *Doofstommen-vereeniging Guyot.* Ar. Belle.

423 — Petite médaille de cette même société. Souvernir à **M. Haag** 1887. Ar. t.b.c.

424 Médaille de la Société „Tot Nut van 't Algemeen" pour des faits magnanimes à *Goossen Foppen. 1842. 9 Aout.* Mm. 43. Br. t.b.c.

425 — Même médaille au nom de **Maarten Kool.** Ar. gr. 26. F.d.c.

426 Médaille, avers ballon captif. Revers. *Captifs ascents — Dimensions of the Balloon Diameter 90 ft., Cube 300000 ft., Height of ascents 2000 ft.* etc. à l'exergue London. Mm. 50. Br. dorée. t.b.c.

427 Siége de Paris de 1870—1871. **Ministère de la Guerre communications aériennes.** Sur cette médaille on voit des pigeons-voyageurs et un aérostat. Ar. gr. 65,5 Belle.

Monnaies des anciennes provinces des Pays-Bas.

428 **Gueldre**. Duché. **Edouard** Gros de **Roermond**. EDEWARDVS — DE ⁛ GELRENS. v. d. Chijs pl. IV, 2. Ar. Beau.

429 **Philippe le Beau**. Quart de patard. v. d. Chijs pl. XV, 10. Ar. t.b.c. Rare.

430 **Charles d'Egmond**. 1492—1538. *Cavalier l'or. Rijdergulden*. Variété de v. d. Chijs, pl. XV, n. 10. Or. t.b.c.

431 — *Cavalier d'or*. v. d. Chijs, pl. XV, n. 9. Var. Or. t.b.c.

432 **Charles V**. 1544. *Couronne d'or*. v. d. Chijs, pl. XX,1. Or. t.b.c.

433 **Philippe II**. *Ecu* ou *Pronkdaelder*. Buste de Philippe à dr. Revers. L'écusson d'Espagne entouré de 18 écussons. v. d. Chijs. pl. XXIV, n. 6. Ar. gr. 29. Superbe. Extrêmement rare, pas en piedfort.

434 — Florin d'or au St. André. 1568. Le Saint de face. DOMINVS . MIHI — A — DIVTOR · ⊦ · Rev. PHS . D . G . HISP . Z . REX. DVX . GEL. v. d. Chijs, pl. XXIV, n. 5. Or. t.b.c. Rare.

435 — *Demi Réal d'or*. v. d. Chijs, pl. XXIV, n. 3. Or. Beau.

436 — 1557. *Ducaton* au titre de roi d'Angleterre, pl. XXV,9. Ar. t.b.c.

437 · — 1565, 6 et 67. ¹⁄₂ Ducaton. Ar. 3 pièces.

438 **Les Etats**. 1577. Demi Ecu des Etats (Halve Statendaelder). de Voogt pl. I,3. Ar. Beau. Rare.

439 **Province**. 1582. *Snaphaen* ou pièce de *6 Sous*. ⁕ MONE — ⁕ NO ⁕ DV́- C ⁕ G ⁕ EL ⁕ ·· CO ⁕ᴣVT. var. de de Voogt. pl. IV,27. Ar. t.b.c. Rare.

440 — 1586. *Leycesterdaelder*. Crown au buste lauré et cuirassé du comte de Leycestre. Superbe épreuve carrée au poids d'un et demi daelder. de Voogt n. 46. Verkade pl. V, n. 3. Vermeil. Rare.

441 — 1691. *Escalin* au cavalier. de Voogt n. 335. Ar. t b c.

442 — 1694. · Pièce de *deux florins* au grand écusson provincial. Verk. pl. 12,4, de Voogt n. 345. Ar. b.c.

443 — Demi florin. Verk. pl. 13,4. de Voogt n. 349. Ar. b.c.

444 — 1762. *Demi Cavalier d'or*. Verkade pl. 3, n. 5. Or t.b.c.

445 — 1786. *Trois Florins* (Drie Gulden). Verk. pl. 14.1. Ar. t.b.c.

446 — 1763. *Florin* (2 ps.) 1759. ¹⁄₄ *florin*. Verk. pl. 14.6 et 1759. Date fr. en argent. Ar. 4 pièces.

447 **Nimègue**. 1577. Petite monnaie. Compz. de Voogt n. 62, variété inédite, aigle avec globe impériale CONSO o CIRCV o WEST o RHE o IFE. Rev. L'écusson de Nimègue dessous 1577. CVDE o RESPV o CIVI o IMPE o NOVI o A. Ar. t.b.c. Fort rare.

448 S.d. „*Peerdeke*". v. d. Chijs, pl. II n. 16. Ar. t.b.c.

449 *Quart de Sou*. v. d. Chijs, pl. V n. 48. Ar. t.b.c.

450 *Quart de Sou*. v. d. Chijs, pl. V n. 50. Ar. t.b.c.

451 1602. *Escalin à l'aigle*. Verkade pl. 23,2. Ar. t.b.c.

452   1618. *Dute.* Verkade pl. 24,6. Ae. t.b.c.

453   1620. *Double Sou.* Contremarqué. Verkade pl. 24,1. Ae. b.c. Rare.

454   — *Demi Sou.* Var. de Verk. pl. 24,4. Ar. b.c.

455   1685. *Double Sou* fr. en or. Type de Verk. pl. 24,2. **Or.** Beau et rare.

456   1686. *Double Sou.* Verk. pl. 24,2. Ar. t.b.c.

457   1681. *Florin.* Verkade pl. 22,2. Ar. t.b.c.

458   1690. *Florin de 28 Sous.* Verk. pl. 22,4. Contremarqué, de HOL. Ar. t.b.c.

459   1704. *Daalder de 30 Sous.* Verk. pl. 21,5. Ar. t.b.c.

460   Deux *Escalins* de 1686. Verk. pl. 23,3 et un de 1691. Verk. pl. 23,4.
3 ps. Ar. b.c.

461   *Demi Escalin.* Verk. pl. 207,3. Ar. b.c. 2 ps.

462   **Zutphen.** 1604. *Peerdeke.* Var. de Verk. pl. 26,3. Ar. a.b.c. Rare.

463   1605. *Sou.* Variété de Verkade pl. 27,2. avec MO . NO . VETERIS .
VRB . ZVTP . 16—05. Ar. t.b.c. Extrêmement rare.

464   *Double Sou.* Verk. pl. 27,1. Ar. b.c. rare.

465   *Demi Escalin à la rose.* Verk. pl. 26,4. Ar. a.b.c. fort rare.

466   1687. *Florin.* Verk. pl. 25,4. Ar. t.b.c.

467   1687. *Demi florin.* Verk. 25,5. Ar. t.b.c. Rare.

468   1688. *Daelder de 30 Sous.* Verk. pl. 25,2. Ar. t.b.c.

469   1689. Même pièce, var. de gravure. Ar. b.c.

470   1688. *Escalin* au cavalier. Verk. pl. 26,5. Ar. b.c.

471   *Dute.* Verk. pl. 27,4. 2 var. et Dute de 1687 pl. 27,6. **4 pièces. Ae.**

472   *Demi Plak.* (Halve Plak). v. d Chijs, pl. VI,3. Ar. b.c.

473   **Batenborg,** baronnie. **Guillaume.** 1559. *Daelder* au buste du Baron à
gauche et au titre de Ferdinand. v. d. Chijs, pl. XI,25. Ar. b.c. Rare.

474   — Même pièce, légèrement variée. Ar. b.c.

475   **Borkulo. Clément August,** évêque de **Paderborn,** seigneur de **Borkulo.** 1723.
Thaler. CLEM : AVG : D . G . EP — PAD . MON . C . COL . B .
S . P . D . Rev. COM . PAL . RH . L . LEVCH . B . SIR . S , R .
I . P . COM . PYRM . **D . IN . BORCK** . W . Ar. Beau. Rare.

476   **Hollande.** Comté. **Florent III.** Denier. 2 pièces. Ar. b.c.

477   **Thierry VII.** 1190—1203. Denier. Buste à dr. THEODRIC. Rev.
— ADT COMES. Croix cantonnée de P — A — ✳ —
et une fleur. v. d. Chijs pl. I n. 1. Ar. Beau. Rare.

478   **Florent de Hollande** momboir. Denier. v. d. Chijs pl. II n. 3. Ar. Beau.

479   **Florent V.** *Gros tournois.* FLORENTIVS CO. v. d. Chijs pl. III
n. 3. Ar. t.b.c. Rare

480   — Denier. v. d. Chijs, pl. III,8. Ar. t.b.c.

481   **Jean I.** 1296 -1299. *Gros tournois.* IOHANES COMES, à l'entour BNDICTV etc. Revers. TVRONVS CIVIS. Contremar-
que d'une étoile. Compz. v. d. Chijs pl. IV n. 1. Ar. t.b.c. Extrêmement rare.

482   — *Denier* de Dordrecht. v. d. Chijs pl. IV n. 2. Ar. t.b.c.

483   — Même pièce, variété sans les globules après. MONETA
DORDCI Ar. t.b.c.

484   **Guillaume V.** 1316—1359. *Chaise d'or, gouden schild.* v. d. Chijs pl. V n. 4

Le comte Guillaume assis sur un trône gothique, tenant l'écusson écartelé de **Bavière** — **Hollande**. ⚜ GVILLELM' ᐟ DVX ᐟ — ᐟ COM ᐟ — ɧOLAND' ᐟ Z ᐟ ƷEL. Or. gr. 3,8. t.b.e.

485 — *Gros Botdraeger* v. d. Chijs pl. V,11. Ar. t.b.e.

486 — *Gros.* v. d. Chijs pl. VI,25. Ar. 2 ps. t.b.e. et b.e.

487 **Albrecht de Bavière** 1359—1401. *Gros.* v. d. Chijs, pl. VII,5. Ar. t.b.e.

488 **Jacqueline de Bavière** et **Philippe de Bourgogne.** 1428—1433. *Demi Gros.* v. d. Chijs, pl. XXII,6. Ar. b.e. 2 ps.

489 **Philippe le Bon.** 1433—1467. *Double Sol* ou Vierlander. v. d. Chijs pl. XIV,11 et **Max.** et **Philippe.** Double Sol de 1486. Ar. 2 ps.

490 **Marie de Bourgogne.** Double briquet de 1482. v. d. Chijs, pl. XV,7. Ar. t.b.e.

491 **Philippe le Beau** mineur. *Demi gros* à l'M gothique, pl. XIX n. 18. Ar. t.b.e. Rare.

492 — Sou. v. d. Chijs, pl. XVIII n. 20. Ar. t.b.e. fort rare.

493 **Philippe le Beau** majeur. *Double Sol.* 10 ps. plusieurs variétés. v. d. Chijs, pl. XXII, 24, 27, 28, 29. Ar. t.b.e. et b.e.

494 **Charles V,** *majeur.* 1515—1555. *Demi Réal d'or.* v. d. Chijs pl. XXV, 6. Variété avec ꟿVO. Or. t.b.e.

495 **Philippe** II. 1574. ½ *Ecu Philippe.* v. d. Chijs, pl. XXXI,34. Ar. t.b.e.

496 *Demi Ecu Philippe.* v. d. Chijs pl. XXX,24. Ar. t.b.e.

497 *Demi Sol.* v. d. Chijs, pl. XXXIII,51. Ar. b.e.

498 **Hollande. Province.** 1576. *Ecu au lion. (Leeuwendaalder)* Verkade pl. 48,3. Ar. t.b.e.

499 1587. *Leicesterstooter.* Verkade pl. 44,2. Ar. t.b.e.

500 1606. Pièce de X *Sous,* pl. 54,5. Ar. t.b.e.

501 1608. *Cavalier d'or. (Ryder).* Ancien type. Verk. pl. 40,2. Or. t.b.e. et rare.

502 1655. Double Ducat. Var. de Verkade pl. 39 n. 3 avec CONCORDIA RE-SP—A RVÆ . CRES . HOL. Or. t.b.e. rare.

503 1671. *Ducaton.* Essai avec inscription sur la tranche ❀ NERVOS * REIPVBLICÆ * ACCIDERE * FACINVS * MORTE * PIANDVM. Madai 4720. Verk. pl. 41,3. Ar. Rare. t.b.e.

504 1672. *Ducaton* frappé en piedfort. Verk. pl. 41,4. Ar. Beau. Rare.

505 1673. Rijksdaelder à l'homme debout frappé en piedfort. Verkade pl. 47,4 variété de gravure. Ar. Superbe et rare.

506 — *Ducaton* frappé en piedfort. Verk. pl. 42,1. Ar. b.e.

507 1680. *Trois florins* au grand lion. Verk. pl. 50,1. Ar. Beau. Rare.

508 1681. *Florin,* Essai fr. en or, sans indication de la valeur. Verk. pl. 52,2. Or. gr. 17,5. Beau et extrèmement rare.

509 1682. *Deux florins.* Verk. pl. 51,2. Ar. t.b.e.

510 1684. *Ryksdaalder* au buste cuirassé. Verk. pl. 46,4. Variété de gravure avec BELG : G : HOL. Ar. t.b.e.

511 1687. Deux florins pl. 51,2. Ar. t.b.e.

512 — *Ducaton.* Essai en or. Variété de Verk. pl. 42,1 avec HOL Rev ❀ CONCORDIA — RES — PARVÆ — CRESCVNT : Or. gr. 34,5. Superbe. Rare.

513 Florin de 1681, 1749 et de 1794. Ar. 3 ps.

514 1687. *Ryksdaelder* au buste. Essai en or. ❀ MO   ARG : PRO . —

CONFOE : BELG : C : HOL . Verk. pl. 46,4. Variété de gravure. Or gr. 34,7. Superbe et rare.

515 1692. Essai d'un ¼ *florin* frappée en or. Verk. pl. 52,5. Or. gr. 7,1 F.d.c. Rare.

516 1693. Rijksdaalder. Verk. pl. 46,4. Variété de gravure. Ar. t.b.c.

517 1694. Rijksdaelder à l'homme debout, frappé en piedfort. Verk. pl. 47,4. Variété avec HOL. Ar. gr. 56,5 t.b.c.

518 — Essai d'une *pièce de 28 sous* aux écussons des sept provinces, réunis. par un ruban sous une couronne fermée, frappée en or. Verk. pl. 54,4. Or, gr. 17,3. F.d.c. et fort rare.

519 1697. *Deux florins.* Essai frappée en or. Verk. pl. 53,2. Or, gr. 27,5. Beau et rare.

520 — *Double Sou,* fr. en or. Verk. pl. 56,4. Or, gr. 3,5. Beau et rare.

521 1724. *Sou* frappé en or. Verk. pl. 56,5. Or. Beau.

522 1753. *Escalin au navire,* au titre de Westfrise, frappé en or. Verk. pl. 56,6. Or. gr. 7. Superbe.

523 1749. *Ducaton.* Verk. pl. 42,1. Variété avec HOL. Ar. F d.c.

524 1750. *Cavalier d'or (Ryder).* Verk. pl. 40,4. Or. t.b.c.

525 1752. *Double Ducat.* Verk. pl. 39,4. Or. F.d.c.

526 1755. *Demi florin.* Essai fr. en or. Verk. pl. 54,2. Or. gr. 7. Rare. Superbe.

527 1759. ¼ *Florin.* Essai fr. en or. Verk. pl. 54,3. Or. gr. 5,3. F.d c. Rare.

528 *Demi Florin* de 1749. (2 ps.) Verk. pl. 54,2. F.d.c. et de 1751. Beau. Ar. 3 ps.

529 ¼ *Florin* de 1759, trois pièces. t.b.c. *Sou* de 1738. Verk. pl. 56,6. t.b.c. et *Dute* fr. en argent de 1758. Verk. pl. 57,6.

530 1761. *Trois Florins.* Verk. pl. 53,1. Ar. t.b.c

531 1767. *Demi Ducaton.* Verk. pl. 42,2. Ar. Beau.

532 1771. *Double Ducat.* Verk. pl. 39,4. Or. Beau.

533 1776. *Double Ducat.* Or. Beau.

534 **Vianen. Henri de Brederode.** Daelder au buste du St. Henri à dr. Variété inédite de v. d. Chijs, pl. XL n. 9 et 10 avec + SANCTVS * HENRICVS IMPERATOR * Rev. + MONE . NO . HENRICI . DO . DE . BRE . LI . DO . VY. Ar. t.b.c. Rare.

535 — Ecu au buste du seigneur à g. v. d. Chijs, pl. XLI n. 17. Ar t.b.c. Rare.

536 — Denier inédit de 1567. Lion couronné à g, Rev. Armoiries, dessous 67. Ar. t.b.c. Rare.

537 **Westfrise.** Province. 1639. Essai carrée d'un Sou, fr. en or. Verk. pl. 73,7. Or. gr. 4,2. Belle et rare.

538 1673. *Ryksdaelder* au chevalier debout. Essai. Verk. pl. 65,3. Ar. Rare. Superbe.

539 1677. *Ryksdaelder* frappé en piedfort. Variété de Verk. pl. 65,3 avec WEST—F. Rev. ✿ CONCORDIA ✿ RES ✿ PARVÆ ✿ CRESCUNT ✿ 1677. Ar, gr. 56,5. Beau et rare.

540 — *Ryksdaelder,* Verkade pl. 65,3. Ar. 2 ps.

541 1678. *Escalin au navire.* Verk. pl. 72,4 Ar. t.b.c.

542 1682. *Double florin* à l'écusson provincial. Essai carrée. Verk. pl. 68,2. Fort rare. Ar. Beau.

543 1760. *Ducaton,* var inédite de Verk. pl. 62,1 avec MO : NO : ARG : CONFOE — BELG : PRO : WESTF. Coq comme M. M. Ar. Beau.

544 1771. *Demi Ducaton.* Verk. pl. 62.2 avec la marque monétaire après WESTF. Ar. t.b.c.

545 1775. *Ducaton,* var. de Verk. pl. 62,1 avec MO : NO . ARG : CONFOE-BELG : PRO : WESTF. Ar. t.b.c.

546 1791. *Florin.* Verk. pl. 70,1. Ar. Beau. et Date de 1778 en argent. 2 ps.

547 1792. Pièce de *3 Florins* de 1792 et 1793. Verk. pl. 69,4. Ar. 2 ps.

548 **Zélande** Province. 1585. *Snaphaen.* Var. de Verk. pl. 92.1 avec DOMINE . SERVA -- NOS . PERIMVS . Rev. MONETA . NOVA . ARG . COMII . ZELAND . 85 (tour) Ar. t.b.c. -

549 1613 *X Sous.* Variété de Verk. pl. 91,4 avec point après l'épée et au revers . + . ⊛ . Ar. t.b.c. Rare.

550 1619. *Demi Rijksdaelder.* Verk. pl. 85,2. Var. Ar. b.c. Rare. ?

551 1660. *Ducaton* frappé en piedfort. Variété de Verk. pl. 81,1 avec COM : ZEL : Rev. CONCORDIA . RES . PARVE . -- . CRESCUNT . 1660. Ar. gr. 65. Rare.

552 — *Ecu* au chevalier debout tenant l'écusson de la Zélande. Variété de Verk. pl. 85,3 avec CO : ZEL et autre gravure. Ar . t.b.c.

553 1681. *Daelder de 30 Sous.* Verk. pl. 90,1. Variété de gravure . LUCTOR . ET — EMERGO (tour) ⊛ Ar. t.b.c.

554 1684. *Pièce de 30 Florins* MO * NO * AUR * ORDIN * ZEELANDIE * 1684 * Variété de Verk. pl. 80,1. Fort rare. Or. gr. 21. Belle

555 1686. *Daalder de 30 Sous.* Verk. pl. 90,2 var. avec ET -- EMERGO . Ar. b.c. ¯

556 1687. *Double Daalder* ou pièce de *Dix Escalins.* Verk. pl 90,4. Var. avec ET . — EMERGO . et au revers IO -- . SC. Ar. Beau.

557 *Même pièce.* Autre variété avec IC -- . SC. Ar. t.b.c.

558 1694. *Trois Florins.* Verk. pl. 91,1. Ar. t.b.c.

559 1698. *Rijksdaelder.* Variété de Verk. pl. 86,3 avec ZEEL Rev. CON . CORDIA . RES . PARVE . CRES . CUT—*₊* Ar. a.b.c. Rare.

560 1737. *Ryksdaelder.* Var. de Verk. pl. 86,3 avec ZEEL et au revers trois étoiles au dessus de l'écusson, tranche cordonnée. Ar. t.b.c.

561 1748. Même pièce, même variété. Ar. Belle.

562 - *Même pièce* frappée en piedfort. Ar. gr. 56. Superbe.

563 1753. *Escalin au navire* trappé en piedfort. Variété de Verk. pl. 93,4 avec MON . NOV . ARGEN . ORDIN . ZEELAND 1753. Ar. t.b.c.

564 1757. *Ryksdaelder* à l'homme debout. Verk. pl. 86,4. Tranche cordonnée. Ar. t.b.c.

565 1758. *Ducaton,* var. de Verk. pl. 81,4. Ar. Beau.

566 1761. *Ryksdaelder.* Verk. pl. 87,1. Tranche cordonnée. Ar. Beau.

567 1762. *Ducaton* var. de Verk. pl. 81,4. Ar. Beau.

568 *Demi Ducaton* de 1763, Verk. pl. 87,2 et de 1793. var. de pl. 87,2 avec NOV : et CONFŒD : Ar. t.b.c. 2 ps.

569 1771. *Ryksdaelder* var. de pl. 87,1 Ar. b.c.

570 1794. Même pièce, variée. Ar. t.b.c.

571 *¼ Ryksdaelder* de 1775, ⅛ de 1780, 86 et 93. Ar t.b.c. 4 ps.

572 *Escalin au navire* de 1785, var. de Verk. pl. 93,4 et dues frap. en argent de 1754 et 1761. Verk. pl. 96,2. Ar. 3 ps.

573 1779. Essai en or d'une *huitième de Daelder.* Verk. pl. 87,4. Or. gr. 4.2. Superbe et rare.

574 **Utrecht**. Evêché. **Bernoulphe**. Denier de **Groningue**. v. d. Chijs pl. 1,16. Rare. Ar. t.b.c.

575 — Denier de Groningue, pl. I,17. Rare. Ar. Beau.

576 — Même pièce, pl. I,18. Ar. t.b.c.

577 **Rudolphe de Diepholt**. 1431—1455. *Florin d'or.* ✠ MON' * ROOLP' * EPISC' * TRAIET' Ecusson dans un cartouche trilobé. Rev. St. Martin, v. d. Chijs pl. XV,2. Or. t.b.c.

578 *Même pièce.* Or. b c.

579 **David de Bourgogne**. 1455 -1496. Double **Harpe**. Le roi David, devant lui l'écusson écartelé d'Utrecht. MEMENTO ⨯ DO — MINE ⨯ DAVID. Rev. DAVID ⨯ DE ⨯ BVRGONDIA ⨯ EPIS-COPVS ⨯ TRAIECT. v. d. Chijs, pl. XVI n. 2. Or. Beau. Fort rare.

580 — Même pièce. Variété inédite avec DAVID ⨯ DE ⨯ BVR-GONDIA ⨯ EPISCOPVS ⨯ TRAIETE. Les caractères plus petites. Or. t.b.c. Extrêmement rare.

581 **Province**. *Rosenoble*. Var. de Verk. pl. 97,3 avec .MONE — . NO. Rare. Or. Beau.

582 *Même pièce*, autre variété avec . MONE .'— NO et TRAIECTE — N. rare. Or. t.b.c.

583 1617. *Cavalier d'or* (*Ryder*). Verk. pl. 98,5. Ancien type. Or. t.b.c. Fort rare.

584 1665. *Ducaton* frappé en piedfort. Verk. pl. 99,3. Ar. gr. 65. Beau et rare.

585 1669. Ryksdaelder à l'homme debout. Verk. pl. 105,1 var. Ar. t.b.c.;

586 1682. Essai d'une *Pièce de X Sous*, frappée en or. Variété de Verk. pl. 110,5. sans indication de valeur. Or. gr. 14. Extrêmemeut rare. Belle.

587 1685. *Daelder de 30 Sous* aux armoiries d'Utrecht, d'Amersfoort etc. Verk. pl. 109,4. Ar. t.b.c. 2 ps.

588 — Même pièce. Essai en Or. (6 Ducats). Gr. 21. Or. F.d.c. Fort rare.

589 1738. *Sou* au faisceau de flêches Verk. pl. 115,3. Essai en **Or**. F.d.c.

590 1740. *Dute*. Essai en **Or**. Verk. pl. 116,6. Gr. 5,2. Rare.

591 1743. *Sou* Verk. pl. 115,3. Essai en **Or**. Deux pièces. Belles.

592 1744 Même pièce. Essai en or. F.d.c.

593 1749. *Escalin au navire*, frappee en or. Verk. pl. 113,4. Or. gr. 7. Belle et rare.

594 1753. *Dute* pour les Indes. Essai en or. Belle.

595 1762 et 1764. *Demi Ryksdaelder*. Verk. pl. 106,2. Ar. t.b.c. 2 ps.

596 1763. *Pièce de 3 Florins*. Var. de Verk. pl. III, 1 Ar. Belle.

597 1766. *Sou* au faisceau de flêches, frappé en or. Var. de Verk. pl. 115,3. Or. Beau.

598 1770. *Demi Ducaton*. Var. de Verk. pl. 100,4 avec le petit écu de la ville d'Utrecht sur l'écusson provincial. Ar. Tranche fleuronnée. F.d.c.

599 1772. *Ducaton* Var. de Verk. pl. 100,3 avec MO : NO : ARG : CON—FŒ : BELG : PRO : TRAI. Rev. Comme Verk. pl. 100.4. Tranche fleuronnée. Ar. Superbe.

600 1772. *Sou* au faisceau de flèches. Essai en or. Verk. pl. 115,3 var. Or. F.d.c.

601 1776. *Ryksdaelder* fr. en piedfort. Verk. pl. 106,1 seulement les caractères beaucoup plus grandes. Tranche cordonnée. Ar. gr. 56.5. Beau et rare.

602 1780. *Sou* au faisceau de flèches. Essai en or. Verk. pl. 115,3 var. Or. Beau

603 1784. *Ryksdaelder*. Verk. pl. 106.1. Ar. t.b.c.

604 -- *Demi Florin* ou pièce de 10 Sous. Belle épreuve en or. Verk. pl. 111,5. Or. gr. 7.

605 1785. *Demi Ducaton*. Verk. pl. 100.4 var. Ar. F.d.c.

606 1786. *Même pièce*. Ar. F.d.c.

607 *Escalin au navire* de 1787. *Double Sou* de 1786 et 87. Ar. 3 ps. t.b.c.

608 *Florin* de 1794, demi Florin de 1782 et ¼ Florin de 1759 (2 ps.) Ar. 4 ps. t.b.c.

609 1793. *Ducaton*. Verk. pl. 100,4, var. Tranche cordonnée. Ar. Beau.

610 — Même pièce. Ar. t.b.c.

611 1794. *Pièce de 3 Florins*. Verk. pl. 1 var. Ar. Belle.

612 *Dutes* de 1754, 69, 78 et 87. fr. en argent. Verk. pl. 116,6. Ar. t.b.c.

613 **Frise**. **Egbert** I. 1057 68. Denier inédit. EGBERTVS. Croix cantonnée de quatre globules. Rev. MIEHG — CHME en NO . TA. Ar. t.b.c. Rare.

614 **Province**. 1585. Cavalier d'argent. Compz. Verkade pl. 119 n. 1. Ar. t.b.c. Rare.

615 1617. Ecu à l'aigle. Variété de Verkade pl. 125,4 avec MONETA . ARGENT. — ORDINVM. FRISIAR (AR en monogr.) Ar. t.b.c. Rare.

616 1682. *Daelder de 30 Sous* (Koggerdaelder). Verk. pl. 125,2 et pièce de 14 sous, pl. 127,3. 2 ps. Ar. a.b.c.

617 1687. *Daelder de 30 Sous*. Verk. pl. 125,3. Ar. t.b c.

618 1690. *Florin de 28 Sous* au buste en bonnet de poile. Verk. pl. 127,1 contremarqué de GO. Ar. t.b.c. et rare.

619 1696. Demi *3 Gulden*. (Moitie de la pièce de 3 florins). Verk. pl. 126,2. Belle.

620 **Overijssel**, les Etats. 1578. Ecu des Etats PHS . D . G . HIP . Z . REX. DO' . TRSISSVL 15—78. Ar. t.b.c. Rare.

621 1590. **Philippe** II. Ecu à la croix du Bourgogne. PHS × D × G × HISP × REX × N × O × TRS × ISSVL. Ar. t.b.c. Rare.

622 **Province**. *Double Ducat* aux bustes affrontés fr. à *Campen*, encore au titre de *Philippe II*. Var. de Verk. pl. 133,4. PHIS + DEI + GRAT. (M. M. de Campen). HISPANIAR + REX × × Or. Beau et rare.

623 1583. *Noble*. Verk. pl. 133,2. Or t.b.c. et fort rare.

624 1607. *Cavalier d'or*, ancien type. Variété de Verkade, pl. 134 n. 4. Or. t.b.c. Fort rare.

625 1619. *Double Sou*. Essai carrée. Verk. pl. 143,2 var. Ar. Belle et rare.

626 1633. *Leeuwendaelder*. Essai carrée. Var. de Verk. pl. 139,5 avec · MO . ARG . PRO . CON . — . FOE BELG . TRAN · Ar. gr. 57. Belle et fort rare.

627 1660. *Ducaton* fr. en piedfort. Var. de Verk. pl. 135,1 avec les caractères plus grandes, une étoile derrière l'épée et avec TRANS. Rev. .:. 1660 .:. Ar. gr. 66. Beau et fort rare.

628 1689. *Daelder*. Verk. pl. 140,5 var. Ar. t.b.c.

629 1764. *Florin.* Var. de Verk. pl. 141,6 avec 1 — G . FE : et TRANSI Ar. t.b c.

630 **Les trois villes impériales** S.d. *Daelder* au buste de **Charles-Quint**. v. d. Chijs, pl V,20. Ar. Beau et rare.

631 - 1555. Daelder au buste de Charles V entre 15—55. * MONE * NO * TRIVM * CIVITA * IMPERIALIVM * * * Var. de Verk. pl. XXI,2 Ar. Beau.

632 - 1555. Demi Daelder au même buste MONE x NOVA x TRIVM x CIVITA x IMPERIALIVM. Compz. v. d. Chijs, pl. VI,38. Ar. Rare. t b.c.

633 **Deventer** 1684 *Florin de 28 Sous,* contremarqué au lion d'Overijssel. Verk. pl 154,1. Ar. b.c.

634 — 1686. *Daelder* ou pièce de *30 Sous*. Verk. pl. 151,2. Ar. t.b.c

635 **Campen.** S.d. *Écu* au château et à l'aigle au titre de **Rudolphe II**. Var. de Verk. pl. 160,1 avec IMP x Ar. t.b.c.

636 — 1618. *28 Sous ou Florin*. Verk. pl. 164,2. Ar. b.c.

637 — 1657. *Double ducat* au titre de **Ferdinand III**. L'empereur couronné debout tenant épée et globe impériale. Var. de Verk. pl. **159,2**. FERD . III . D . G . RO — . I . VNG . A . BO . REX — . Rev. MO NOV — AVREA — CIV . ITA — IMPERI — CAMPEN. Or. t.b.c. et rare.

638 — 1659. *Ryksdaelder* au chevalier debout portant l'écusson de la ville. Verk. pl. 161,1. Piedfort. Rare. Ar. gr. 55,5. Beau.

639 — 1659. *Ducaton.* Ancien type. Var. de Verk. pl. 159,3 avec la marque monétaire devant l'épée. Rev. CONCORDIA . — RES . PARV — : CRESCVNT . 1659 : Ar. t.b.c.

640 — 1673. *Escalin à l'aigle* au titre de **Léopold**. Verk. pl. 165,4. **Ar.** t.b.c.

641 - 1692. *Daelder de 30 Sous*. Verk. pl. 163,4. Ar. t.b.c.

642 **Zwolle.** 1664. *Ryksdaelder* au chevalier debout. Verk. pl. 171,4. Var. Ar. t.b.c.

643 **Groningue.** Ville. 1627. Pièce de *VIII Sous* au St. Martin Verk. pl 185,3. Ar. t.b.c.

644 Province 1673 *Escalin. (Statenschelling)*. Essai en or. Variété inédite de Verk. pl. 182,1. AD . IVVA—NTE. D—EO . 1673. Rev. Sans indication de valeur et sans points entre les mots. Or. gr. gr. 7,8. Beau et fort rare.

645 1681. *Florin de 28 Sous* aux deux mains jointes. Verk. pl. 181,1. **Ar.** t.b.c

646 1682. *Ducaton.* Verk. pl. 179,3. Ar. Beau et rare.

647 **Ommelanden.** 1579. Essai en cuivre de l'écu au buste de Philippe II à g. PHS . D . G . HISP . REX . DNS . FRI . INT . AMA . Z . LAVR. Verkade pl. 190,1. Ae. t.b.c. fort rare

648 **République Batave 1795—1806**. 1795. *Pièce de 3 Florins* à l'ancien type, fr. à Dordrecht. Ar. t.b.c.

649 1804. *Ryksdaelder* fr. à **Utrecht** Ar. Beau.

Hollande Royaume. Louis Napoléon.

650   1807. *Ecu de 50?Sous*. Son buste à dr. signé *George f*. NAP. LODEW. I
KON. VAN. HOLL. Rev. Les armoiries accostées de 50 — Ss et dessous
1807 et une abeille. KONINGRIJK HOLLAND. Tranche cordonnée.
Nahuys pl. VII n. 43. Essai. Ar. F.d c. Rare.

651   1808. *Ecu de 50 Sous*. Buste à dr. Rev. Ecusson couronné entre 50—Ss
dessous 1808. Verk. pl. 192,5. Nahuys pl. VII,43. Ar. Superbe.

652   — *Ecu* (Rijksdaelder) au chevalier debout. Nahuys pl. VII n. 46.
Ar. t.b.c.

653   — *Ecu* au *pièce de 2¹/₂ florins*. Verk. pl. 194,3. Nahuys pl. VIII,57.
Avec inscription sur tranche * DE NAAM DES HEEREN ZY GE-
LOOFD et avec G sous le buste. Ar. Extrêmement rare. Beau.

654   — *Ducat* au buste à gauche. Rev. Chevalier armé. Nahuys pl. VIII,58.
Verk. pl. 192,1. *Or*. Beau.

655   1809. *Ducat* au buste à g. Rev. Armoiries. Verk. pl. 192,2. Or. F.d.c.

656   — *Pièce de 10 Sous*. Tète à dr. LODEW. NAP. KON. VAN HOLL.
Rev. Armoiries, dessous 1809 et une abeille, KONINGRIJK HOLLAND.
Inscription sur la tranche. Nahuys pl. VIII n. 59. Ar. Belle Rare

657   1810. *Pièce de 20 Florins*. Buste du roi à g. Rev. Ecusson entre 20 —Gn.
au dessous 1810 et abeille. Sur la tranche DE NAAM DES HEEREN
ZY GELOOFD. Nahuys pl. VIII,53. Verk. pl. 192.3. *Or*. t.b.c. Rare.

658   — *Ducat* au buste à g. Or. t.b.c.

659   — *Un florin*. Tête du roi à dr. LODEW. NAP. KON. VAN. HOLL.
Rev. Armoiries accostées de 1 - Gn. dessous 1810 et une abeille. KO-
NINGRIJK — HOLLAND. Tranche crustacée. Compz. Nahuys pl. XII
n. 89 mais sans nom de graveur. Essai. Inédite. Ar. F.d c. Extrêmement
rare.

Pays-Bas. Royaume.

660   **Guillaume** I. 1816. *Ducaton* fr. à **Utrecht**. Essai à l'ancien type. Verk. pl.
196,4. Tranche cordonnée. Ar. Superbe et rare.

660*a* 1818. *5 Cents*. Essai en or. F.d.c. et fort rare.

661   1819. *Demi Florin*. Ar. F.d.c.

662   1822. 5 Cents. Essai en Or. F.d.c. Fort rare.

663   1824. *Pièce de 3 Florins*. Ar. Belle.

664   1826. *Cent*. Essai en or. F.d.c. Extrêmement rare.

665   1840 2¹/₂ florins (*Ryksdaalder*). Essai. Ar. F.d.c.

666   — *Florin*. Essai. Ar. Superbe

667   **Guillaume** II. 1841. Essai d'une pièce de 2¹/₂ florins (*Ryksdaalder*). Buste
du roi à g. Ar. Superbe.

668   1842. *Pièce de 10 florins*. **Or**. Beau.

669   1843. *Pièce de 5 florins*. **Or**. F.d.c.

670   1846. *Demi florin*. Essai Ar. Superbe.

671   1848. Essai d'une *Pièce de 20 florins* sans indication de valeur (Dubbele
negotiepenning) avec le poids et titre 13w 458 * 1848 * 0,900 Fort rare.

672   1848. ¹/₄ *florin* (25 *Cents*) Essai. Superbe.

673   — *10 Cents*. Essai. F.d.c.

674 **Guillaume III.** 1850. Essai d'une pièce de *20 florins* (*Dubbele negotiepenning;* sans indication de valeur. **Or.** Superbe et rare.

675 — 1850. Essai d'un *demi florin.* Ar. F.d.c.

676 — 1851. Essai d'une pièce de *10 florins* sans indication de **valeur. Or.** F.d.c.

677 — 1851. Essai d'une pièce de *5 florins,* sans indication de valeur. **Or.** F.d.c.

678 — 1877 Pièce de *10 florins.* **Or.** F.d.c.

679 **Wilhelmina.** 1895. Pièce de *10 florins,* Tête de la jeune reine à g. à longue chevelure, au collier de perles au cou. GOD ZY MET ONS * KONINGIN WILHELMINA. Or. Rare. F.d.c.

Monnaies Impériales et Royales.

680 **Allemagne-Autriche.** **Conrad II.** 1024-1039. Denier de **Duisburg.** Buste couronné de face VONRADV. Rev. Dans un entourage de quatre demi-cercles. BVDIVSR variété de Cappe n. 423. Ar. t.b.c. Rare

681 **Rudolphe II.** 1583. *Thaler.* RVDOL . II — D . G . RO . IMP . S . AV . GER . HVN — BO REX. Rev. Double aigle accostée de K — B . ARCHI . DVX . AVS . DVX . BVRG . MAR . MORA. 1583. Ar. t.b.c.

682 1585. ¼ *Thaler* avec HV — BO REX. rev. ARC — BVR . MAR . MO. 1585. Ar. b.c.

683 1592. *Thaler* comme n. 680. Ar. t.b.c.

684 1604. *Thaler* frappé pour **le Tirol.** Ar. Beau.

685 1606. *Thaler* fr. pour **l'Alsace.** Son buste à dr. dessous 1606. RVDOLPHVS . II . D . G . RO . IM . SE . AVG . GER . HVN . BO . REX. Rev. NECNON ARCHI DVCES . AV . D . B . LANDG . ALS . CO . FER. Ar t.b.c.

686 **Ferdinand II.** 1631. *Thaler* frappé en **or.** L'empereur cuirassé et couronné debout à dr. tenant sceptre et globe impériale, à côté de lui l'écusson couronné de Bohême et de Hongrie. FERDINANDVS . II . D — G — R . I . S . A . G . H . BO . REX .:. Rev. Double aigle couronnée ayant en coeur l'écusson couronné d'Autriche. : ARCHIDV . AVS . DVX . BVR . MAR . MOR . 1631. **Or.** gr 34,5. Beau et fort rare.

687 1620. *Thaler* fr. pour **la Styrie.** Buste couronné à dr. Rev. ARCHI . AVSTIR.E . DVX . B — VRGVNDLE . STYRLE . E . T . C . 16 — 20. Ar. t.b.c.

688 1623. *Thaler* fr. pour le **Tirol.** ARCHID . AVS . DVX . — BVR . CO . TYR . — 1623. Ar. t.b.c.

689 1632. *Thaler.* ARCHID DVX . AVS . DVX . MAR . MOR . CO . TYR . 1632. Ar. t.b.c.

690 1635. *Ducat* à la Madone. L'empereur couronné debout à dr. entre K. B. Rev. AR . AV . DV . BV . MA . MO . CO . TY. 1635. **Or.** t.b.c.

691 **Ferdinand III.** 1658. *Thaler.* Buste à dr. Rev. Double aigle accostée de K—B. ARCHIDVX . AVS . DVX . BVR . MAR . MOR . CO . TY . 1658. Ar. t.b.c.

692 **Léopold I.** 1691. *Thaler*. Buste à dr. LEOPOLDVS — D . G . RO . I . S . AVG . GER . HV . BO . REX . Revers. ARCHIDVX ⨯ AVS ⨯ DVX ⨯ BVR ⨯ MOR ⨯ CO ⨯ TY ⨯ 16—91. Ar. Beau.

693 1699. *Demi Thaler*. pour le **Tyrol.** Ar. Beau.

694 1696. *Thaler* comme boîte (*Schraubthaler*). Ar. t.b.c.

695 s.d. *Double Thaler* frappé pour le **Tirol.** Son buste lauré à dr. LEOPOLDVS . D G ROM IMP S A G H B REX Revers. Double aigle de Tirol couronnée ARCHIDVX AVST DVX BV CO TYRO. Ar. Beau.

696 **Joseph I.** 1707. *Thaler* fr. pour le **Tirol.** ARCHID : AVST : — DVX : BV : COM : TYR. 17—07. Ar. Beau.

697 **Charles VI.** 1731. ¼ *Thaler* pour la **Tirol.** Buste à dr. dessous ¼. Ar. t.b.c.

698 1738. Beau *Thaler* pour la **Styrie.** Rev. ARCHID : AVST : DVX : — BVR : ET : STYRLE : 1738, avec inscr. sur tranche CONSTANTER — CONTINET — ORBEM. Ar. Beau.

699 **François I.** 1759. ¼ *Ducat.* Or. t.b.c.

700 **Marie Thérèse.** 1780. *Thaler* au buste voilé, dessous S. F. (Schöbel et Faby à Günzburg.) Ar. Beau.

701 — 1780. Même pièce, var. de gravure. Ar. t.b.c.

702 — *XVII Kreuzer* de 1756 et *VI Kreuzer* de 1744. Ar. t.b.c.

703 **Autriche. François II.** *20 Kreuzer* de 1802 et 1804 avec A sous le buste. Ar. t.b.c. 2 ps.

704 1819. *Demi Thaler.* Ar. t.b.c.

705 **Ferdinand I.** *20 Kreuzer* de 1842 et 1846 avec C et M sous les bustes. Ar. t.b.c. 2 ps.

706 1848. Essai d'un *Thaler de Convention.* Ar. F.d.c.

707 **François Joseph.** 1879. *Double Florin*, sur le 25me anniversaire de son mariage, aux bustes de l'empereur et de l'impératrice. Ar. Beau.

708 1852. *Thaler* de convention. Ar. Beau.

709 1866. *Double Thaler.* Ar. Beau.

710 *Florin* de 1857 et 1885, 20 Kreuzer de 1868, 1 Krone de 1893. (Nouveau système.) Ar. t.b.c.

711 1875. *Essai d'une pièce de 4 Ducats.* Buste de l'empereur lauré à dr. FRANC . IOS . I . D . G . AVSTRIAE . IMPERATOR. Rev. Double aigle couronnée tenant épée et globe impériale, dessous (4). HVNGAR . BOHEM . GAL . LOD . ILL . REX A . A . Or. gr. 14,1. F.d.c. Superbe.

712 **Angleterre.** Royaume. **Edouard III.** *Noble* au titre d'Aquitaine. fr. entre 1360 et 1369 ₒ ЄD—WARD ⨯ DЄI ⨯ GRA ⨯ REX ⨯ ANGL ⨯ DNS ⨯ hYB ⨯ Z ⨯ AQVT. Rev. ✠ IhC ⸱ AVTЄM ⨯ TRANSIЄNS ⨯ PЄR ⨯ MЄDIV ⨯ ILLORVM ⨯ IBAT. Or. gr. 7,8 t.b.c.

713 **Edouard IV.** 1461- 1483. *Rosenoble* ou *Ryal.* Kenyon pl. V,36. gr. 7,8. Or. t.b.c.

714 **Henri VII.** 1458—1509. *Angelot.* Quintefeuille comme M. M. des deux côtés. hЄNRIC' ♣ DI' ♣ GRA' ♣ REX ⨯ ANGLI' ⨯ Z ⨯ FR' ⨯ Rev. PЄR' ⨯ CRVC' ⨯ TVA ⨯ SALVA ⨯ NOS ⨯ ✠PЄ' ⨯ RЄDЄ' ⨯ Or. gr. 5,1. b.c.

715 **Elisabeth.** 1562. *Shilling* dans un encadrement du temps. Vermeil. t.b.c.

716 **James I.** 1604—1612. *Double Crown.* Buste à dr. cuirassé et couronné. Ecu couronné entre I—R. Or. gr. 4,8. Kenyon pl. XV no. 103. b.c.

717   - 1619 --1625. *Crown* ou Quarter Laurel. Buste à dr. M. M. tréfeuille.
IACOBVS . D . G . MA . BRI . FR . ET . HI REX. Rev. M M. lis
HENRI--CVS ROSA--S REGNA IACOBV. Var. de Kenyon pl. XVI,110.
Or. t.b.c.

718   **Charles II**. *Shilling* de 1663 et 1668. Buste lauré à dr. Ar. 2 ps.

719   **James II**. 1687. *Crown* au buste lauré. Ar. t.b.c.

720   **Guillaume III** et **Marie**. 1693. *Two Guineas* aux bustes superposés du roi
et de la reine. Or. gr. 16,8. Beau.

721   1689. *Half Crown* aux bustes superposés. Ar. Beau.

722   1691. *Crown*. Ar. t.b.c.

723   1693. *Half Crown*. Ar. b.c.

724   **Anna**. 1709. *Shilling*. et *Threepence* de 1703. Ar. 2 ps.

725   **George II**. 1751. *Guinea*. Buste lauré à g. Kenyon pl. XXI n. 158.
Or. t.b.c.

726   1759. *Half Guinea*. Or. t.b.c.

727   1746. *Half Crown*. Buste lauré à g. dessous LIMA. Ar. Beau.

728   *Shilling* de 1732 et de 1745 et sixpence de 1743. Ar. t.b.c. 3 ps.

729   **George III**. 1762 *Quarter Guinea*. Buste lauré à dr. Kenyon pl. XXII n.
172. Or. Beau.

730   1812. Buste lauré et cuirassé à dr. Rev. BANK -- TOKEN . IS . 6D .
-- 1812. Ar. Beau.

731   1814. Buste lauré à dr. Rev. BANK -- TOKEN -- 3 SHILL. -- 1814.
Ar. Beau.

732   **Bavière**. Royaume. **Maximilien Joseph**. 1818. Essai d'un *Thaler* de convention sur la constitution. Buste lauré à dr. Reimm n. 1185, Sch. 631.
Ar. Superbe. *Même pièce*. Ar. t.b.c.

733   **Ludwig I**. 1828. *Thaler de convention* avec la famille royale. Rev. SEGEN
DES HIMMELS buste de la reine en médaillon entouré de 8
médaillons aux bustes de ses enfants. Reimm. 1190, Sch. 639. *Essai
frappée sur flan bruni*. Ar. Superbe.

734   **Maximilien II**. 1855. *Double Florin* frappé sur flan bruni sur la restauration de la colonne de Marie. Reim 1222, S. 42. Ar. Beau.

735   1860. *Florin*. Ar. F.d.c.

736   **Belgique**. Royaume. 1832. **Léopold I**. Essai d'une pièce de *5 Francs*.
Signée BRAEMT F. Buste lauré du roi à g. Sur la tranche DIEU
PROTEGE LA BELGIQUE. Ar. F.d.c.

737   1849. Pièce de 2½ *Francs*. Buste du roi à g. Signé I. WIENER.
Ar. t.b.c.

738   Pièces de *2* et *1 Franc* frappées à l'occasion du jubilé de 50 ans de
l'Indépendance de la Belgique. Bustes des rois **Léopold I** et **Léopold II**
superposés. Ar. Beau.

739   **Danemarc**. Royaume. **Christian IV**. 1618. *Piece de 2 Mark* Le roi
debout, couronné et cuirassé tenant épée et sceptre, * CHRIS-
TIANVS --- IIII -- * D x G * DANIA * Rev. M. M. (deux
épées) . NORVEGI * VANDAL * GOTORV : Q : REX. Couronne
royale, au dessus * D * 6 * D * 8 * et au dessous de la couronne
* R * F * P * Ar. Belle.

740 1619. *1 Mark.* CHRISTIANVS — IIII —. D : G . DANIA. Rev. M. M. (deux épées). NORVEGI . VANDAL . GOT . ORV . Q . REX. Couronne, au dessus * 1 * 6 * 1 * 9 * au dessous . R . F . P. Ar. t.b.c.

741 **Frédéric V.** 1746. *Ducat* pour les colonies. EX AVRO SINICO. Or. Beau. Rare.

742 **Christian VIII.** 1845. *Rigsdaelder.* Buste à dr. Ar. F d.c.

743 **Christian IX.** 1863. *Double Rigsdaler* sur la mort de **Frédéric VII.** Reimn. 1326. Ar. Beau.

744 **Espagne.** Royaume. **Ferdinand** et **Isabelle** rois **d'Espagne** depuis 1492. *Double Ducat* (Dobla). Bustes affrontés et couronnés du roi et de la reine. Marque monétaire .S. et ✠ Lég. : & : FERNANDVS : EM : hELISABE. Rev. Aigle au dessus de l'écusson couronné d'Espagne. . . . SVB : VNBRA : A : LARV . . . Or. gr. 7,1. t.b.c.

745 *Double Ducat.* Dans le champ S entre 4 points, en haut soleil entre 4 points ✠ FERNANDVS 8 ET LISABE 8 DEIGRACIA 8 REX 8 fr. à **Seville.** Rev. SVB 8 VNBRA 8 ALARVN 8 TVARVN 8 PR Manque à Heiss. Or. Beau. gr. 7.

746 **Ferdinand VI.** 1756. *Demi Escudo.* Buste du roi à dr. Heiss pl. 52,11. Or. Beau.

747 Pièce de *4 réales* de 1739, de *2 réales* 1733 et 1769 et de *1 réal* de 1738 (contremarqué de CT en monogr.) de 1742 et de 1765, frappées pour le **Mexique.** Ar. 7 ps.

748 **Joseph Napoléon.** 1809. *Pièces de 80 Réales* (20 Francs). Buste du roi à g. **Or.** Heiss pl. 60 no. 2. t.b.c.

749 1810. *Pièce de 20 réales.* Ar. Beau. Heiss. pl. 60 no. 4.

750 **Ferdinand VII.** 1817. *Peso* au buste lauré fr. en **Mexique.** Heiss pl. 66 no. 55. Ar. Beau.

751 1823. *Piastre de 20 Réales.* Heiss pl. 64 no 36. Ar. F.d.c.

752 **Elisabeth II.** 1852. *Piastre de 20 Réales.* Heiss. pl. 69 n. 10. Ar. Beau.

753 1855. Essai de *5 Pesetas* pour les **Philipines.** Heiss. pl. 69,12. Rev. 5 **Pesetas Filipinas Plus-Ultra.** Ar. Belle pièce.

754 1865. *1 Peso* pour les **Philipines.** Buste de la reine laurée à g. Rev. **Reina de las Espanas — Filipinas I — P.** Type de Heiss. pl. 70, n. 36. Or. F.d.c.

755 **Alphonse XIII.** 1890. *5 Pesetas* au buste enfantin à g. Ar. Beau.

756 1892. Même pièce. Ar. Belle.

757 1893. *Une Peseta.* Buste enfantin à g. Ar. Belle.

758 **France.** Royaume. **Charlemagne.** *Denier.* CARo - LVS en deux lignes. Rev. R : F. Ar. Fort beau et rare.

759 **Charles le Chauve.** Obol. GRATIA DI REX. Monogramme. Rev. CVVEN-TOVVICI. Croix. Ar. t.b.c. rare.

760 **Henri VI,** roi d'Angleterre. *Salut d'or.* Hoffm. pl. XXX,3. Or. t.b.c.

761 **Charles VI.** *Ecu d'or* KAROLVS etc. Hoffm. pl. XXV n. 1. Or. b.c.

762 **François I.** 1515- 1547. *Ecu du Dauphiné.* Hoffm. pl. LV no. 20. + FRANCISCVS 8 DEI 8 GRA 8 FRANCORVM 8 REX + E 8 Rev. Croix fleurdelisée cantonnée de deux F couronnées + ✶PS 8 VINCIT 8 ✶PS 8 REGNAT 8 ✶PS : INPERAT ^ ⊛ 8 Or. t.b.c.

763   **Louis XIII**. 1641. *Demi Louis d'or* fr. à Paris. Buste lauré à **dr**. Hoffm. pl. LXXXIV no. 24. Or. Beau.

764   1642. *Louis d'or* fr. à Paris. Hoffm. pl. LXXXIV no. 22. var. avec D G . ✿ Or. t.b.c.

765   1643. Douzaine et même pièce de 1662. Ar. 2 pièces.

766   **Louis XIV**. 1645. *Louis d'or* fr. à Paris. Buste du roi lauré à dr. Hoffm. pl. XCII no. 6. Or. Beau.

767   1702. *Louis d'or* fr. à **Poitiers**. Surfrappé sur une monnai d'or de 1694. Tête lauré à dr. Rev. Croix de huit L couronnées Or. Beau.

768   1710. *Demi Louis d'or* fr. à **Besançon**. Tête laurée à dr. dessous deux C en monogr. Hoffm. type pl. XCIII no. 43. Or. t.b.c.

769   1694. *Demi Ecu aux Palmes*, type de Hoffm. pl. XCIX n. 141. Ar. b.c.

770   1701. *Demi Ecu aux insignes*, fr. à **Troyes**. Hoffm. type pl. C n. 154. Ar. b.c.

771   **Louis XV**. 1720. *Petit Louis d'argent*. Buste drapé et lauré à dr. type de Hoffm. pl. CIX n. 33. Ar. Beau.

772   1743. *Double Louis d'or* dit *au bandeau* fr. à **Grenoble**. Tête à g. ceinte d'un bandeau, dessous salamandre. Rev. Les écus de France et de Navarre surmontés d'une couronne; dessous Z. Hoffm. type pl. CVIII n. 18. Or. Beau.

773   1746. *Louis au bandeau* fr. à **Lille**, héron, sous le buste, type de Hoffm. pl. CVIII n. 19 Or. Beau.

774   **Louis XVI**. 1786. *Double Louis* fr. à *Paris*. Hoffm. pl. CXIII n. 5. Or. Beau.

775   1786. *Louis d'or*. Même type. Hoffm. pl. CXIII n. 6. Or. **Beau**.

776   1792. *Ecu de six Livres* fr. à *Paris*. Tête à g. dessous un lion. Hoffm. pl. CXVII n. 60. Ar. t.b.c.

777   — *Même pièce* fr. à **Limoges**, sous le buste faisceau de flèches. Ar. b.c.

778   1793. *Trente sols* fr. à **Lille**. Ar. b.c.

779   **République**. 1801. **Piémont**. *20 francs. L'Italie délivrée à Marengo*. Or. F.d.c. Rare.

780   **Napoléon I**. 1804. *1 Franc*. Ar. F.d.c, ¼ franc t.b.c. et ¼ franc de 1803. (Bonap. prem. consul) fr. à Paris. Ar. 3 pièces.

781   **Empire**. 1809. *2 Francs*. Buste lauré à dr. fr. à Paris; *1 Franc* de 1808 fr. à Strassbourg et ½ *franc* de 1809 fr. à Paris. Ar. t.b.c. 3 ps.

782   1812. *5 Francs* fr. à Rouen. Ar. b.c.

783   **Royaume**. **Louis XVIII**. 1814. *Pièce de 5 Francs* fr. à *Paris*. Buste du roi à g. Signé *Tiolier*. Ar. Beau.

784   1819. *1 Franc* fr. à *Paris*. Buste à g. dessous *Michaut*. F. Ar. t.b.c.

785   **Louis Philippe I**. 1832. *Essais* de 2, 1 et ½ *Franc* au buste lauré à dr. par *Domard*. Ar. F.d.c. 3 ps.

786   **Henri V** prétendent. 1832. *Essai* en *or* et en *piedfort* d'un *Franc*. Buste juvenil à g. en uniforme avec épaulette couronnée, cordon bleu, plaque du Saint-Esprit HENRI V ROI DE FRANCE. Rev. Armoiries couronnées aux lis, entre 1—F entourées de branches de laurier, dessous 1832 entre deux lis, fr. à **Londres**. Epaisseur. Mm. 5, gr. 29,35. Extrèmement rare. Or. F.d.c.

787   1831. *1 Franc*. Essai en argent. Beau.

788   **Empire**. **Napoléon III**. Empereur. 1856. Essai d'une pièce de *5 Francs* par Bouvet. Ar. F.d.c.

789 **République**. 1870. *5 Francs* fr. à **Paris** par *E. A. Oudiné*. Tête de la
L berté à g. couronnée de chêne et de laurier. Ar. F.d.c.

790 1872. *5 Francs* au buste de **Gambetta**. Rev. *Les Français unis sont
nattaquables*. Essai. Ar. F.d.c

791 — Essai d'une pièce de 5 *Francs* au buste du président **Thiers**. Rev.
La fusillade à Satory. Ar. Belle.

792 1874. Essai d'une pièce de *5 Francs* au buste du président **Mac-Mahon**,
dessous *Napoleon*. F. Ar. F.d.c.

7'3 **Grèce**. Royaume. **Otton**. 1833. *5 Drachmes*. Son buste à dr. par Voigt.
Ar. Beau.

794 **George** 1876. *5 Drachmes*. Son buste à g. par Barre. Ar. Beau.

795 **Hannovre**. Royaume. **George V.** 1865. Thaler en mémoire de **Waterloo**.
Schwalb. 112. Ar. Beau.

796 **Hongrie**. Royaume. **Mathée Corvin**. 1458—1490. *Ducat*. Ecusson écartelé.
✠ ΜΑΤΗΙΑS . Ο . G . Ρ . VΠGΑΡΙΕ. Rev. Le Saint La-
dislaus debout tenant hache et globe crucifère entre Ω et petit écusson à deux haches. S . LΑDΙSL . — ΑVS . ΡΕΧ. Reimm. n.
251. Or. t.b.c.

797 **Gabriel Bethlen**. 1621. *Thaler de Kremnitz*. Buste cuirassé à dr. avec
sceptre GABRIEL - D . G . EL . HVNGARLE . DAL . CR – SCL .
REX. Rev. Armoiries entre K—B. Reimm. 2050, M. 1611, Sch. 2458.
Ar. Beau.

798 **Les Malcontents** sous **Rakoczy** (1704—1707). 1705. *Florin*. Ecusson couronné MONO : ARG : — REG : HVNG : Rev. La Madonne avec
l'Enfant sur un croissant entre K—B. Lég. PATRONA . — HVNG .
1705. Reimm. n. 2062, Sch. 2535. Ar. Beau.

799 **Joseph II et Léopold** 1764. *Ducat*. Bustes affrontés. Rev. ADVENTVS |
REG . ET : ARCHI . | IN FODIN . HVNGA . | MDCCLXIV . | M .
IVL . | Or. Beau.

800 **François Joseph I**. 1882. *1 Florin*. Buste lauré à dr. Ar. Beau.

801 **Naples**. Royaume. **Ferdinand IV**. 1805. *Piastre de 120 Grani*. Buste à dr.
Rev. Ecusson aux armoiries couronnées entre L –D. Lég. VTR . SIC
HIER . HISP — INF G. 120. Sur la tranche. PROVIDENTIA . OPTI-
MI . PRINCIPIS . . . Ar. Belle.

802 **Ferdinand II**. 1854. Pièce de *60 Grani*. Ar. Belle.

803 **François II**. 1859. *Piastre de 120 Grani*. Buste à dr. Ar. Belle.

804 **Pologne**. Royaume. **Auguste II**. 1697. *Ducat* sur son couronnement.
Or. Beau.

805 1699. *Florin* ²/₃ thaler. Buste lauré et cuirassé à dr. D . G . FRID .
AVGUST . REX . POLONIARUM. Les armoiries de Pologne et de
Saxe couronnées. Reimm. 1646. Ar. t.b.c.

806 **Auguste III**. 1754. *Thaler de Leipzig*. Buste du roi couronné et cuirassé
à dr. Reimm. 1654. Sch. 1705. M. 2803. Tranche fleuronnée. Ar. Beau.

807 **Révolution**. 1830/31. 2 et 1 Dzoté. 2 ps. Ar. t.b.c.

808 **Portugal**. Royaume. **D. Joao V** 1706—1750. *(Jean V)*. *Moeda de oiro de
1000 Reis* (valant 4800 Reis), de 1714. IOANNES . V . D . G . PORT .
ET . ALG . REX. Ecusson couronné, accosté de 4000 et de ⊛ ⊛ ⊛ ⊛
Rev. ⊛ IN ⊛ HOC ⊛ SIGNO ⊛ VINCES ⊛ 1714. Croix
pattée cantonnée de quatre fleurs. Or. gr. 11. Beau.

809   *Meio Escudo ou octavo de peça* de 1730. IOANNES . V . D . G . PORT . ET .
      ALG . REX. Buste lauré à dr. dessous 1730. Rev. Ecusson couronné.
      Var. de gravure de Teixeira pl. XLII no. 34. Or. t.b.c.

810   **D. Maria I et D. Pedro III. 1777 – 1786.** *Peça ou Dobra de 4 Escudos de 1781* fr.
      à Rio. MARIA . I . ET . PETRUS . III . D . G . PORT . ALG . REGES.
      Bustes accolés à dr. dessous 1781 et R. Rev. Ecusson orné et couronné.
      Or. gr. 14,5. Beau. Teixeira pl. XLV.1.

811   **João V.** *comme Prince régent.* 1800—1816. 1809. *Cruzado* (400 Reis).
      Teixeira pl. LI,16. Ar. Beau.

812   **D. Maria II 1828—1853** (*Marie II*). *Coroa de prata,* 1000 reis de
      1837 au buste diadémé à g. signé W. WYON. Ar. gr. 29,5. Teixeira
      pl. LVI,19. t.b.c.

813   **Prusse.** Royaume. **Friedrich Wilhelm I. 1714.** ¼ *Ducat.* FRID . WILH :
      D . G : REX . BORUSS. Tête laurée à dr. Rev. Ordre de l'aigle
      noir, dessous H. F. H. 1714. Reimm. 205, K. 809. Or. Beau.

814   **Friedrich II. 1750.** *Halber Reichsthaler.* Reimm. 1722. Ar. Beau.

815   1785. *Thaler.* FRIDERICUS BORUSSORUM REX. Tête laurée à dr.
      Tranche fleuronnée. Ar. Beau.

816   1786. *Sterbethaler.* Reimm. 1739. Sch. 1826. Ar. t.b.c.

817   **Friedrich Wilhelm II. 1789.** ½ *Thaler.* Ar. Beau.

818   1792. *Conventionsgulden.* Buste à dr. en uniforme, type de Reimm. 1745.
      Ar. t.b.c.

819   **Friedrich Wilhelm III. 1800.** *Thaler.* Buste à g. Ar. t.b.c.

820   1807. *Friedrich d'or.* Buste du roi à g. en uniforme. Or. t.b.c.

821   1840. *Vereins-Doppelthaler.* Buste à dr. Ar. t.b.c.

822   **Friedrich Wilhelm IV. 1842.** *Vereins-Doppelthaler.* Tête à dr. Ar. Beau.

823   **Wilhelm I.** 1861. *Krönungsthaler.* WILHELM KOENIG AUGUSTA
      KOENIGIN V . PREUSSEN. Leurs bustes accolés et couronnés. Reimm.
      1765. Ar. Beau.

824   1867. *Doppelthaler* fr. à **Frankfurt.** Buste à dr. dessous C. Rev. ZWEI
      VEREINSTHALER XV EIN PFUND FEIN 1867. Ar. t.b.c.

825   1871. *Siegesthaler.* Ar. Beau.

826   **Wilhelm II. 1888.** Essai sur flan bruni d'une pièce de *5 Mark.* Buste à
      dr. WILHELM DEUTSCHER KAISER KöNIG V . PREUSSEN. Rev.
      Aigle couronnée DEUTSCHES REICH 1888 · · * FüNF MARK *
      Ar. F.d.c.

827   ½ *Thaler* de 1816 (Friedr. Wilh. III), de 1826 et de 1848 (Friedr. Wilh. IV).
      Ar. t.b.c. 3 ps.

828   **Roumenie.** Royaume. **Charles I. 1880.** *5 Francs.* CAROL I DOMNUL
      ROMANIEI. Ar. t.b.c.

829   1881. *1 Franc.* Ar. t.b.c.

830   **Russie.** Empire. **Peter I. 1725.** *Rouble de Moscau.* Buste lauré à dr.
      Reimm. 1142, Sch. 570. Ar. t.b.c.

831   **Peter II. 1728.** *Rouble.* Buste lauré et cuirassé à dr. Reimm. 1147. M
      5348, Sch. 584. Ar. t.b.c.

832   **Peter III. 1762.** *Rouble.* Buste cuirassé à dr. Reimm. 1161. Mad. 2487. Sch.
      607. Ar. t.b.c.

833   **Cathérine II. 1763.** *Rouble.* Buste couronné à dr. Rev. Double aigle cou-
      ronnée. Tranche cordonnée. Ar. F.d.c.

834   1785. *Rouble en or.* Buste couronné à dr. Rev. Double aigle couronnée.
      Or. Beau.

835 **Paul I.** 1799. *Rouble.* Reimm. 1168. Sch. 614. Ar. Beau.

836 **Alexandre I.** 1812. *Rouble.* Double aigle couronnée, dessous M —T. C. (en monogramme.) Type Reimm. n. 1172. Ar. Beau.

837 1810. *20 Kopeckes* ; 1857 même pièce. Ar. Beau.

838 **Nicolas I.** 1840. *Rouble* type Reimm. 1173, Sch. 620. Ar. F.d.

839 **Alexandre II.** 1870. *2 Mark* pour **Finland**. Double aigle couronnée avec écusson de Finland. Rev. 2 — MARKKAA — 1870. Ar. Beau

840 1874. *1 Mark.* Même type. Ar. t.b.c.

841 **Alexandre III.** 1892. *Rouble.* Buste à dr. Rev. Double aigle couronnée. Ar. Beau.

842 **Suède**. Royaume. **Gustave Adolphe**. 1631. Thaler d'**Erfurt** sur la victoire de **Leipzig**. Oldenburg n. 945. Ar. t.b.c.

843 **Christine.** 1643. *Salvatorthaler.* Buste richement drapé à g. presque de face CHRISTINA . D : G : SVE : GOT : WAN : Q : DE : REG : E: PR : H.E. Rev. Le Sauveur. Ar. b.c.

844 **Charles XI.** 1690. *⅔ Thaler* pour la **Poméranie**. Buste à dr. Rare. Ar. t.b.c.

845 **Frédéric.** 1721. *Thaler du jubilé.* FRIDERICVS . — . D . G . REX . SVECIE. Buste cuirassé à dr. dessous AN . IVBIL . 1721. Rev. Deux médaillons, l'un au buste de **Gustave I** à dr. et la lég. GVSTAVVS . I . D . G . REX . SVECIE l'autre au buste de **Gustave Adolphe**. GVST . ADOLPH . D . G . REX . SVEC . Reimm. 1912. Ar. t.b.c.

846 **Gustave IV. Adolf.** *⅙ Thaler.* Buste cuirassé à dr. Ar. Beau.

847 **Charles XIV.** 1832. *Demi speciesthaler* et 1804 ⅓ Riksd. Ar. 2 ps.

848 **Wurtemberg**. Royaume. **Wilhelm.** 1837. *1 Florin* et 1844 ½ *florin*. Ar. 2 ps.

849 1849. *2 Florins.* Essai. Ar. F.d.c.

850 1846. *Double Thaler* sur le mariage du prince héréditaire. Rev. CARL . KRONPR. V. WURTEMB. U. OLGA GROSFURSTIN V. RUSSL. Leurs bustes accolés à dr. dessous VERM . D . 13 JULI 1846. Ar. Beau.

851 **Karl.** 1871. *Double Thaler*, en mémoire de la reconstruction de la Cathédrale (Munster) à Ulm. Ar. Beau.

Monnaies des Papes et des Prélats.

852 **Rome**. **Paul II.** 1464 —1471. *Giulio.* PAVLVS . PP . — . SECVNDVS . Rev. S - PET — RVS . S . P — A — VLVS. Les saints Petrus et Paulus debout. Ar. t.b.c.

853 **Urbain VIII.** 1623 — 1644 *Scudo* 1635. Buste à dr. dessous *Casp. Molo.* Rev. Le Saint Michael. Sch. 1527. Ar. t.b.c.

854 **Clément X.** 1675. *Scudo* à l'Eglise de St. Pierre. Reimm. 2145. Ar. Beau.

855 **Alexandre VIII.** 1690. *Teston.* RF . FRVMENTARIA . RESTITVTA. Ar. t.b.c.

856 **Pie VIII.** 1830. *Scudo.* Buste à dr. par C. Voigt. Rev. Les apôtres Petrus et Paulus. Sch. 3195. Reimm. 2230. Ar. Beau.

857 **Pius IX.** 1869. *20 Lire.* Buste à g. Or. Beau.

858 1854. *2½ Scudo.* Même type. Or. Beau.

859 1858. *1 Scudo.* Même type, sous le buste C. V. Or. Beau.

860 1870. *5 Lire.* Buste à g. par C. Voigt. Ar. Beau.

861 *2 Lire* de 1867, *1 Lire* de 1869 et *10 Soldi* de 1866. Ar. 3 ps.

862 **Bamberg.** Evêché. **Franz Ludwig d'Erthal.** 1795. Thaler. Sch. 4088. Ar. Beau.

863 **Cambrai.** Archevêché. **Maximilien de Berghes.** 1569. Demi écu. MAX . A . BERG . ARCH . Z . D . CAM . S . IP . PR . C . GA . Ar. t.b.c. Rare.

864 **Liége.** Evêché et Principauté. **Rodolphe de Zaeringen.** 1167—1191. Denier. de Chestret, pl. VI n. 119. Ar. t.b.c.

865 — Denier à l'oiseau, de Chestret n. 117. Ar. t.b.c.

866 — Denier au lion, de Chestret n. 121. Ar. b.c.

867 — Denier de château, de Chestret n. 122. Ar. t.b.c. rare.

868 **Albert de Rhetel prévôt.** 1191—1194. Denier au cheval à dr. de Chestret n. 131. Ar. t.b.c.

869 **Hugues de Pierrepont.** Denier. de Chestret n. 156 et 157. 5 pièces. a.b.c. et b c.

870 **Jean d'Aps.** 1229-1238. Denier à l'oiseau avec LEODI. de Chestret n. 187. Ar. b.c.

871 **Jean d'Arckel.** 1364—1378. *Grand mouton.* L'agneau pascal à g. dessous IOḢ DVX à l'entour ✠ AGN' o DEI o BVLLŌ-NE o GRA o EPYSCOPVS o LEODIEN de Chestret pl. XIV n. 250. Or. Beau. Fort rare.

872 **Jean de Bavière.** 1389—1418. Demi griffon. de Chestret pl. XVI n. 291. Ar. t.b.c

873 **Louis de Bourbon.** 1456—1482. Double briquet de 1479, de Chestret n. 347. Ar. t.b.c.

874 **Erard de la Marck.** 1506—1538. *Snaphaen.* de Chestret n. 441. Ar. t.b.c.

875 **Georges d'Autriche.** 1550. *Ecu au St. George* à g. variété inédite de de Chestret pl. XXXI n. 485 avec EPS' * LEOD' * DVX * BVLL' * CO' * LOSSE. Ar t.b.c. Rare.

876 **Gérard de Groesbeeck.** 1567. Demi écu. Compz. de Chestret n. 515. Ar. b.c.

877 — 1568. Demi écu contremarqué, var : avec GERARD. Ar. t.b.c.

878 **Liége.** *Evêché.* **Maximilien Henri de Bavière** 1674. *Ducaton* Ar. t.b.c.

879 **Sede-Vacante** de 1763. Ecu au buste du St. Lambert à g. de Chestret n. 691. Ar. Superbe.

880 **Halberstadt.** Evêché. **Henri Julien.** 1597. *Thaler.* RECTE FACIENDO NEMINEM TIMEAS. Ar. t b.c.

881 **Maïence.** *Archevêché.* **Friedrich Karl Joseph.** 1795. *Ducat.* Buste à dr. dessous I . L . Rev. Armoiries dessous 17 — I . A — 95. Or. F.d c.

882 **Malte.** Grand-Maîtres. **Emanuel de Rohan-Poltuc.** 1790. *Pièce de 30 Tari.* Schulth. 5096. Ar. t.b.c.

883 **Metz.** Evêché. Denier. STEPHAN. Evêque à g. Rev. Temple entre deux croix. Ar. Beau.

884 **Münster.** *Bractéate* en or. Buste de face tenant epée et le livre, entre deux tours. Légende ✠ × M × O × N × à — Armoiries de Munster × S · t × e × r. Or. Beau. Extrêmement rare.

885 **Ordre Teutonique. Maximilien d'Autriche.** 1603. *Thaler*. Le grand-Maître debout. Rev. Un cavalier entre 15 armoiries. M. 925, Schulth. 4967. Reimm. 2837. Ar. Beau.

886 1616 *Thaler* au buste cuirassé à dr. entre 16—16. MAXIMILIANVS : DG : A—RC : AVS : DVX : BVR : STIR : CARN ❁ Rev. ET : CARN : MAG : PRVSS : ADMI : COMES : HAB : TE (en monogr.) TIROL. Ar. F.d.c.

887 1618 *Même pièce* avec MAXIMIL :—ARC :—: AV (en monogr.) — BV : CARINT. ❁ Rev. Ecusson couronné. PRVSS : AD : COM : H : ET : TIRO : Ar. Beau.

888 **Rhodes.** Grand-maîtres. **Elion de Villeneuve.** 1319—46. Gros d'argent, FR : ŒLION' . D . VILANOVA : D . I . GRA . MR. Le grand-maître agenouillé. Revers. OSPTAL' S' . IOHIS . IRLNI . ST' RODI. Ar. Beau. Rare.

889 **Salzbourg.** Archevêché. **Paris. Comte de Lodron.** 1625. *Thaler*. Armoiries. Rev. Le Sainte assis de face. Reimm. 2434. Sch. 3834. Ar. Beau.

890 1642. ¼ *Thalerklippe*. Av. Madonne. Rev. Le Saint Rudbertus. Ar. carré. t.b.c.

891 1645. *Ducat*. PARIS . D—G : ARCHI . EPS . SAL—SE : AP : LE : Rev. Le Sainte assis. SANCTVS . RVDBERTVS . EPS . SALISB : 1645. Or. F.d.c.

892 **Maximilian Gandolf. Comte de Khuenburg.** 1684. ¼ *Thalerklippe*. MAXIM : GAND : D : G : AR : EP : SAL : SE : AP : L : Armoiries. Rev. Le Saint Rudbertus assis de face. S : RVDBERTVS . (¼) EPS . SALISB : 1684. Ar. Beau carré.

893 1675. *Ducat*. MAX : GAND : D : G : AR : EP : SAL : SE : AP : L . Rev. S : RVDBERTVS : EPS : SALISBVRG : 1675. Le Saint assis de face. Or. F.d.c.

894 **Sigismund. Comte de Schrattenbach.** 1754. *Thaler*. Un ange tenant un tableau au buste de Marie-Trost-sur-le-plain. Ar. F.d c.

895 **Hieronymus. Prince de Colloredo-Wallsee.** 1802. *Thaler*. Buste à dr. Ar. Beau.

Monnaies des princes laïques.

896 **Autriche.** Archiduché. **Léopold I.** 1620. *Thaler* pour l'**Alsace.** Ar. t.b.c.

897 S.d. *Double Thaler* sur son mariage LEOPOLDVS . ARCHID : AVS : ET . CLAVDIA . ARCHIDVCISA . AVS : MEDIC. Leurs bustes accolés et couronnés à dr. Rev. DVX ○ BVRGVNDIE ○ COMES ○ TIROLIS ○ Aigle éployé et couronné. Ar. Beau.

898 1632. *Thaler* fr. pour le **Tirol**. Buste à demi-corps couronné à dr. devant 1 . 6 . 3 . 2 . LEOPOLDVS ○ D ○ G ○ ARCHIDVX ○ AVSTRLE. Rev. DVX ○ BVRGVND ○ — COMES ○ TYROLIS Ar Beau.

899 — *Thaler comme boîte.* (*Schraubthaler*). Variété avec BVRGVNDIE. Ar. Beau.

900 **Sigismund. Franz.** 1665. *Thaler comme boîte.* (*Schraubthaler*) avec deux miniatures dedans. Ar. t.b.c.

901 — Même pièce, sans les miniatures. Ar. t.b.c.

902 **Bade.** Grand duché. **Leopold.** 1834. *Kronenthaler.* Ar. Beau.

903 1844. *Double Thaler* sur l'inauguration de la statue de **Charles Frédéric à Karlsruhe.** Rev. Tête à dr. par Voigt. Sur la tranche *Convention von 30 July 1838.* Ar. Beau.

904 — *Demi Florin* de 1844. *10 Kreuzers* de 1830. (*de Ludwig. Grosh. v. Bad.*) et 6 *Kreuzer* de 1833. Ar. 3 ps.

905 **Bavière.** Electorat **Maximilien I.** 1627. *Thaler.* MAXIMIL . COM . PAL . RH . VT . BAY . DVX . S . R . I . ARCHIDAP . ET . ELECT ⊗ L'écusson tenu par deux lions. Rev. La Madonne avec l'enfant Jésus. Ar. Beau.

906 **Maximilien Joseph.** 1765. *Thaler de convention.* Buste à dr. Rev. La Madonne avec l'enfant Jésus debout, sur un croissant. Ar. t.b.c.

907 **Charles Théodore.** 1781. *Thaler de convention.* Rev. La Madonne avec l'Enfant. Ar. t.b.c.

908 **Berg.** Comté (en Zutphen.) **Guillaume IV.** *6 Kreuzer.* Imitation des 6 Kreuzer de Berg. Ar. t.b.c. Rare.

909 **Brabant.** Duché. **Jean II.** Gros au portail fr. à **Maestricht.** ꟙOꟼЄ꟮ · ꟮Ꙗ . ꟬ꞦIꞓꞪꞦ. Rev. BꞦ꙰B꙰ꟙꟘIЄ ꝹVX. Var. de v. d. Chijs pl. VI,10 avec un annelet sous le portail. Ar. Beau. Rare.

910 **Jeanne** et **Wenceslas.** *Double gros. Brijman* fr. à Maestricht. de Witte pl. XIX n. 409. Ar. b.c. Rare.

911 **Charles le Téméraire.** *Florin d'or* au St. André. Var. de Verk. pl. XVI,1. K꙰ꞦOꞭ · ꝹX ; BꞬ ; — BꞦ꙰B ; — Z ; ꞭIꟙ' ; Rev. S꙰ꟘꞓꟗVS ; — ꙰ꟘꝹꞦЄ꙰S. Or. t.b.c.

912 **Philippe le Beau.** 1505. Réal d'argent. PꞪS : ꝫ : IOꞪ꙰ꟘꟘ꙰ : ꝹЄIꞬꞦ꙰ ꞦЄX : ꝫ · ꞦЄꞬI'. Grand écu aux armes de Jeanne de Castille et de Philippe le Beau. Revers. ꞓ꙰SꟙЄꞭꞭЄ × ꞭЄ ꞬOIS ; ꙰ꞦꞓꞪIꝹVꞓ ; ꙰VSꟙ' × ꝫ × 1505. Croix de Saint-André accosté des armoiries de Léon, Castille et Grenade. Variété inédite de de Witte n. 627. Ar. Beau. Fort rare.

913 — 1502. Toison d'argent fr. à Maestricht ꟙO' × F꙰ꞓꟙ꙰ . ꟙꞦ꙰IЄꞓꟙ Iꟙ VꞦOЄ' — ꞪOI × 150Z. var. de v. d. Chijs pl. XXII, 9. Ar. b.c.

914 **Charles V** majeur. *Florin d'or Carolus* fr. à **Anvers.** L'empereur à mi-corps. v. d. Chijs pl. XXIV, 4 var. Or. t.b.c.

915 **Philippe II.** *Demi Réal d'or* fr. à **Anvers** v. d. Chijs pl. XXVI, 5. Or. t.b.c.

916 — 1558. *Ecu Philippe* fr. à **Maestricht** au titre de roi d'Angleterre, v. d. Chijs pl. XXVIII n. 14 var. avec PHILIPPVS. Ar. t.b.c.

917 **Les Etats de Brabant.** 1584. *Petit Ecu Robustus* fr. à **Anvers,** de Witte pl. XLIX, 803. Ar. b.c.

918 1620. **Albert et Elisabeth.** *Double Sol* Ar. t.b.c.

919 1623. **Philippe IV.** *Ducaton* frappé en piedfort à **Bruxelles.** Heiss pl. 191, 8. Ar. gr. 65. Beau et rare.

920 1637. *Souverain d'or* fr. à **Anvers** PHIL . IIII . D . G . HISP . ET . INDIAR . REX . 16 ⚜ 37. Buste du roi couronné, à dr. Heiss. pl. 190,3. Or Beau et rare.

921 1647. *Ducaton* fr. à **Anvers.** Piedfort. Heiss. pl. 191, 9. Ar. gr. 65 t.b.c.

922 1654. *Patagon.* Marque monétaire *un tour.* Var. de Heiss pl. 191,15 **Ar.** t.b.c. Rare.

923 **Charles** II. 1694. *Ducaton.* Piedfort fr. à **Bruxelles.** Heiss. pl. 194 n. 9.
Ar. gr. 64,5. t. b. c. Rare.

924 **Philippe** V. 1703. *Ducaton* fr. à **Anvers.** Buste cuirassé à dr. Rev.
ARCHID . AVST . — DVX . BVRG . — BRABAN . Z C 17—03.
Heiss. pl. 196,3. Ar. Beau.

925 **Charles** III. 1710. *Patagon.* Ar. t.b.c.

926 *Révolution de 1790. Lion d'or* fr. à **Bruxelles.** Or. Superbe.

927 — *Lion d'argent* ou pièce de 3 florins. Ar. Beau.

928 **Brandebourg** en Franconie. **Margraviat. George** et **Albert.** 1538. *Thaler.*
✠ D ⁎ G ⁎ GEOR ⁎ 3 ⁎ ALBERT ⁎ MARCHION ⁎ BRAND
⁎ 3 ⁎ SL. Leurs bustes affrontés. Ar. b.c.

929 — **Electorat. Frédéric** III. 1698. ²/₃ *Thaler.* Buste cuirassé à dr. Ar. b.c

930 — **Bayreuth. Alexandre.** 1768. *Thaler de convention.* Buste à dr. Rev.
Armoiries couronnées. ZEHEN EINE FEINE MARK, Sch. 6216. Ar. t.b.c.

931 1777. *Thaler de convention.* Reimm. 3298. Sch. 6229. Ar. b.c.

932 **Brunswick-Wolfenbüttel.** Duché. **Friedrich Ulrich.** 1619. *Thaler.* FRIDE
RIC . ULRIC . D : G DUX . BRUNSVIC . ET . L : Rev. M. M DEO ⊛
ET ⊛ PATRIÆ ⊛ ANNO ⊛ 1619 ⊛ Sauvage, type de Reimm. 3427.
Ar. t.b.c.

933 **Ernst August** évêque d'Osnabrück. 1694. ¹/₂ *Gulden* (¹/₃ thaler) au St. André
S. ANDREAS—REVIVISCENS. Reimm. 3851. Ar. Beau.

934 **Brunswick à Celle. Friedrich.** 1647. *Thaler.* Buste cuirassé à dr.
V . G . GFRIDERICH HERTZOG Z . BR . U . LU . P . C . D . S .
R . F . D . PD . E . B ⊛ Rev. FRIEDERNEHRT : UNFRIED
VERZEHRT. Armoiries heaumées . Ar. t.b.c. Rare.

935 1641. *Thaler.* Buste cuirassé à dr. Reimm. no. 3516. M. 6567. Sch. 6784.
Ar. t.b.c.

936 **Rudolph Auguste.** 1669. *XII Mariengroschen* au Sauvage. Rev. REMIGIO.

937 *VI Mariengroschen* de 1668. IIII Margr. de 1667 et de 1668, II Margr.
de 1676 et I Margr. de 1681 au même type et *III Mariengroschen* de
1684 au cheval galoppant. Ar. t.b.c. 6 ps.

938 **Rudolph Auguste** et **Anton Ulrich.** *VI Mariengroschen* de 1689 et de 1698;
IIII Margr. de 1691 et de 1697; II Margr. de 1699 et *I Mariengrosche*
de 1688 (2 ps.) Ar. t.b.c. 7 ps.

939 ¹/₆ *Thaler* de 1694 et ¹/₄ Thaler de 1692 au cheval. Ar. b.c.

940 **Anton Ulrich.** 1714. *Florin (24 Mariengroschen* au sauvage, avec
CONSTANTER, dans le champ 24. Ar. Beau.

941 *VI, IIII* et *II Mariengroschen* au même type de 1705. Ar. t.b.c.

942 1705. *VI Mariengroschen* au sauvage et 1709 ¹/₁₂ thaler au cheval. Ar.
2 ps. t. b. c.

943 **August Wilhelm.** 1724. *VI Mariengroschen.* Sauvage au dessus. PAR-
TA TVERI. Ar. Beau.

944 **Brunswick à Wolfenbüttel. Charles Guillaume Ferdinand.** 1795. *Speciesthaler.* Type Reimm. 3719. Sch. 7081. Tranche fleuronnée. Ar. F.d.c.

945 **Guillaume.** 1840. *Thaler.* Buste à dr. dessous C. V. C. Reimm. 3728.
Sch. 7093. Schwalb. 58. Ar. Beau.

946 **Brunswick-Hannovre. George** I. ¹/₆ *Thaler.* Ar. t.b.c.

947 **George** III. 1792. *Florin (24 Mariengroschen).* Ar. Beau.

948 **Clèves.** Comté. **Dietrich** VII. 1275—1305. Denier de Calcer. THE
COME CLE. Tête à g. Rev. Croix coupant la lég. MO — NE —
TA — CAL. Ar. t b.c. Inédit. Extrémement rare.

949 **Elincourt.** Seigneurie. **Gui IV** comte de **St. Pol.** Gros au châtel MONETAELINCT Rev. G. GOMES S. PAVLI. et à l'entour GRACIA DOMINI DEI etc. Fort rare. Ar. t.b.c.

950 **Flandre.** Comté. **Louis II de Male.** Lion heaumé en or. Guillard 214. Or. Beau.

951 **Flandre. Philippe-Le-Bon.** 1430 -1467. *Lion d'or.* Lion à g. assis sous un dais gothique. PhS : DEI : GRA : DVX BVRG : GOM' : FLAND'. Rev. Ecu à sept quartiers sur une croix fleuronnée. Or. b.c.

952 **Gand** 1488—1489 frappant monnaie au nom de **Philippe le Beau** seul. Florin d'or au St. Jean Baptiste. BAPTISTA. PRO—SPER ADESTO. Revue 1869 pl. 16 n. 26. Or. t.b.c. Rare.

953 **Charles V.** 1540. Pièce de quatre patards. KAROLVS . D . G . ROM :' IMP . 5 : HISP' . REX . 1540. Double aigle couronnée. Rev. ✝ DA: — MICH . VI — RTV . COT—R'. HOST—VOS. Ar. t.b.c.

954 — — *Réal d'argent.* Ar. t.b.c.

955 **Philippe II.** *Réal d'or* au buste couronné à dr. Or. t.b.c.

956 **Albert** et **Isabelle.** (1598—1621.) *Patagon.* Ar. b.c.

957 **Charles II.** 1695. *Patagon.* Ar. t.b.c. et rare.

958 **Marie Thérèse d'Autriche.** 1750. *Demi Souverain* fr. à Anvers. Buste de l'impératrice couronné à dr. Rev. Armoiries d'Autriche. Or. F.d.c.

959 1751. Ecu au buste de Marie Thérèse, fr. à Anvers. Ar. Beau.

960 **Joseph II.** 1786. *Demi-couronne.* 1788. $^1\!/_4$, $^1\!/_{10}$ et $^1\!/_{20}$ écu. Ar. 4 ps. Belles.

961 **Léopold II.** 1791. *Demi-couronne.* 4 et 2 sous. Ar. t.b.c. 3 ps.

962 **François II.** 1793. *Couronne d'argent;* 1794 $^1\!/_4$ de couronne (2 ps.) et deux divisions. Ar. 5 ps.

963 — 1795. *Couronne d'argent.* Ar. t b.c.

964 **Hainaut.** Comté. **Marguérite III d'Avesnes.** Plaque d'argent de **Valenciennes.** Chalon 85. Ar. t.b.c. Fort rare.

965 — **Guillaume III.** 1356—1389. *Cavalier d'or.* Le duc galoppant à g. GVILLV : DEI — GRA : GOMES : 3 — DNS : hAMONIE. Gaillard pl. XXII n. 98. Or. Fort rare. t.b c.

966 — Gros tournois de **Valenciennes.** Monogr. de Valenciennes TVRO-NVSOVALIS. Rev. Lég. int. GL' GOM'. hAIN'. DVX. Chalon n. 103. Ar. Beau. Rare.

967 **Herstal. Thierry Loef de Horn.** 1358—1390. Florin d'or au type de Florence. DNI . LO — DOVIES. Rev. S . IOhA — NNS . B. St. Jean Baptiste. Or. t.b.c. Fort rare.

968 **Hohenlohe-Neuenstein. Ludwig Friedrich Carl.** zu **Oehringen.** 1804. *10 Kreuzer.* Buste à dr. Ar. t.b.c.

969 **Julien, Clèves** et **Berg. Adolph** VI. 1368—94. $^1\!/_4$ de gros de **Hattingen.** MONETA'. NOVA. AT . . . . . Ar. a.b.c. rare.

970 **Juliers.** Duché. **Renaud** 1402 -23. *Florin d'or au St. Jean.* REIN DVX · — IVLGELEO'' Rev. MONE . — TA : DE . — IVLIA. Or. Beau.

971 **Loos.** Comté. **Arnaud VII.** Denier. ARNOLDVS : GOS LOS. v. d. Chijs pl. XXI,23. Ar. Beau. Rare.

972 — **Thierry IV** de **Heinsberg**. *Florin d'or* au type de Florence. TERI-CS — LOS : COM. Grand fleur. Rev. S. IOHA — NNES. B. Saint Jean Baptiste debout de face. Or. F.d.c. De la plus haute rareté.

973 **Luxembourg**. Duché. **Henri VII**. 1288—1309. Gros de **Poilvache**. MONETA MERAV DE. Rev. hENRICVS COMES LVCEBVRGENSIS ET RVPE. Variété de Serrure n. 25. Ar. Beau. Rare.

974 — **Wenceslas** I. Gros aux écussons juxtaposés var. de Serrure n. 133 avec WENCEL × DEI × GRA × LVC × BRAB × DVX. Ar. t b.c.

975 — **Elisabeth de Görlitz**. Demi gros heaumé. Serrure n. 174. Ar. b.c.

976 — **Philippe II**. 1582. ⅕ Ecu Philippe. PHILIPPVS . D . G . HISPANI-ARVM . REX 582. Buste à dr. sous le buste le lion de Luxembourg. Rev. DOMINVS — MIHI — ADIVTOR. Ecusson accosté de deux briquets. Ar. t.b.c. Inédit, fort rare.

977 **Mecklenbourg Schwerin**. Duché. **Friedrich Franz**. 1867. Thaler sur le jubilé de son règne de 25 ans. Schwalbach 148. Ar. F.d.c.

978 **Nassau**. Duché. **Adolphe**. 1840. *Demi Florin*. Ar. Beau.

979 **Saxe**. Branche Albertine. **Moritz**. 1547. *Gros à l'ange*. Ar. t.b.c.

980 **Saxe-Altenberg** Branche Ernestine. **Johann Philippe** et ses trois frères. *Thaler* de 1624. Buste de Joh. Phil. Rev: Bustes des trois ducs. Var. de Mad. 1465. Ar. Beau.

981 **Saxe-Electorat**. **Johann Friedrich** et **Georg**. 1539. *Demi Thaler*. IOHANF (NF en monogr.) — RI o ELE — C o DVX o S — AX o F o F. Buste à dr. avec glaive. Rev. Marque Mon. GEOR — o DVX o S — AX o FI o F — o A o 1539. Buste barbé à g. Ar. t.b.c.

982 **Christian II, Johan George** et **August**. 1595. *Demi Thaler* aux trois bustes. Rev. FRAT : ET . DV — CES . SAXON . — HB (en monogr.) Ar. t.b.c.

983 **August**. 1569. ¼ *Thaler*. AVGVSTVS . DEI . GRA — TIA . DVX . SAXONIAE ✿ Buste à dr. entre 15—69. Ar. t b.c.

984 1614. *Thaler carré*. Buste cuirassé à dr. IOHANN ♀ GEORG ♀ D ♀ G ♀ DVX o SAXON o ARCHIM ♀ E o EL ✿ Aux quatres coins: SCOPVS — VITÆ — MEÆ — CHR (HR en monogr.) ISTVS. Rev. INGLADHs : FLORET . RVTA . ITA AMOE (OE en monogr.) NASVIs ♀ Reimm. n. 4729, Mad. 2970. Ar. Beau.

985 **Johan George** I. 1630. *Thaler* sur le jubilé de la confession d'Augsbourg, aux bustes des électeurs **Johann Georg** et **Johann**. CONFESS . LUTHER . AUG . EXHIBITÆ SECULUM. Reimm. 4752. M. 533. Ar. Beau.

986 **Johann Georg** IV. 1694. *Thaler* sur sa mort. au pyramide. Mad. 552. Ar. Beau.

987 **Friedrich August**. 1768. *Thaler*. Ar. Beau.

988 **St. Pierre**. Seigneurie. **Jean d'Arckel**, évêque de Liége. Gros au St. Pierre, var. de v. d. Chijs pl. XXXI, 6. avec MONETA ♀ SA o — o NCTI ♀ PETRI. Ar. t.b.c.

989 **Tripolis**. **Boémond VII**. 1274—87. Gros d'argent. SEPTIMVS . BOEMVN DVSCOMES. Rev. CIVITAS : TRIPOLIS SVRIE. Château à trois tours. Ar. t.b.c.

990 **Weert**. Seigneurie. **Philippe de Montmorency**. Liva. S . PETRVS . APOS . PONT . MAX. Buste à dr. Rev. MONE . NOVA . ARGENT . D . I . W. Ar. b.c. Fort rare.

991 **Italie. Etats Divers. Milan.** Philippe II d'Autriche 1555—1598. **Doppia.**
PHILL . RE . HISPANI . ETC. Buste couronné à dr. Rev.
MEDIOL—ANI . DVX Ecusson couronné. Cat. Rossi no. 2548. Or. t.b.c.

992 **Milan.** République. 1848. 5 *Lire.* GOVERNO PROVVISORIO DI
LOMBARDIA. 1848. Ar. Beau.

993 **Modène.** César d'Este. 1597—1628. S.d. Ducat au duc debout. NOBI-
LITAS ESTENSIS. Or. t.b.c.

994 **Tassarole.** Livia Spinola. 1666. *Luigino.* Buste à dr. HEC . EST .
VIRTVTIS . IMAGO. Rev. DEVS . MEVS , ET . OMNI. Ar. t.b.c. Rare.

995 **Toscane.** Léopold II. 1834. *Thaler.* Buste à dr. Ar. t.b.c.

996 1856. *Même pièce* par Nideröst. Ar. Beau.

997 **Vénise.** Louis Manin. 1788—1797. *Zecchino.* Reimm. no. 825. Or. t.b.c.

998 **République.** 1848. 5 *Lire.* avec 22 MARZO 1848. Essai Ar. Beau.

999 **Cantons et villes Suisses. Berne.** Ville. 1795. Double Doublon.
DEVS PROVIDEBIT 1795. Or. F.d.c.

1000 **Berne.** 1656. *1 Batzen.* Ar. b.c.

1001 **Schwyz.** Canton. 1867. *5 Fancs* du tir fédéral EIDGENOSSISCHES .
SCHÜTZENFEST . IN SCHWYZ. 1867. 5 Fr. Ar. t.b.c.

1002 **Zürich.** Canton. 1813. *Thaler de 40 Batz.* Rev. DOMINE | CONSERVA |
NOS IN | PACE | 1813. Ar. F.d.c.

1003 **Suisse.** République. 1850. *5 Francs.* Ar. F.d.c.

MONNAIES DES VILLES.

1004 **Aix-la-Chapelle.** S.d. *Pièce de 52 Mark.* Aigle ayant 32 en coeur.
Rev. Autel chargé des insignes impériales. Cat. Schulth. 6765. Ar. t.b.c.

1005 **Amsterdam.** 1672. Invasion des Français. *Ducaton.* Verkade pl. 42.3.
Mailliet Suppl. pl. 3 n. 5. Ar. t.b.c. Rare.

1006 — 1673. Pièce de 4 *Ducats.* Verkade pl. 40 n. 1. Mailliet Suppl. pl. 3
n. 3. Or. gr. 13,7. Belle et fort rare.

1007 —1673 Ducaton fr. en piedfort. Variété inédite avec BELG : PROV : HOL.
Compz Verkade pl. 43 n. 2 de 1672 et Mailliet suppl. pl. 3 n. 4. Ar.
Superbe. Rare.

1008 **Augsbourg.** Ferdinand III. 1639. *Thaler* comme boîte. Buste lauré à
dr. Rev. AVGVSTA . VIN — DELICORVM. Vue de la ville. Vermeil.
Mad. 2155. Beau.

1009 **Charles VII.** 1744. *Thaler.* Buste lauré à dr. dessous L. T. Rev. Vue de
la ville. Mad. 4762. Ar. Beau.

1010 **Bréda.** Assiégée en 1577. Obsidionale de 20 Sous. Mailliet pl. XVII
n. 4. Ar. Belle.

1011 — Assiégée en 1625. Obsidionale de 2 Sous. Mailliet pl. XVIII n. 15.
Ae. t.b.c.

1012 **Brème.** 1865. *Thaler* au tir fédéral. Schwalbach 68. Ar. F.d.c.

1013 — 1871. Thaler sur la paix. Schwalbach 69. F.d.c.

1014 **Christianstadt.** 1677. Assiégée par les Suédois. Obsidionale de 8
Skilling, frappée par les Danois sous le Général Meerheim. Brause
pl. 29,7. Ae. t.b.c. Rare.

1015 **Cologne.** Léopold I. 1700. *Thaler.* Armoiries de la ville : MON : NO-
VA ARG : CIVITATIS COLONIENSIS . BVRG$\frac{31}{36}$FVES. Rev. Double
aigle couronnée entre 17 00 et L . A . L. t.b.c.

1016 **Carl VI.** 1720. ½ *Thaler.* Ar. Beau.

1017 **Duurstede. Charlemagne.** Denier CARO (en monogr.) LVS en deux lignes. Rev. ΩΟΩ—TΠT—s. Ar. Beau. Fort rare.

1018 — **Louis le Débonnaire.** Denier. H LVDOVVICVS IMP. Croix cantonnée de trois globules. Rev. DOR—ESTA—TVS en trois lignes. Ar Superbe et rare.

1019 **Franckfort s/M.** 1841. *Demi florin.* 1844. *6 Kreuzer.* Ar. 2 ps.

1020 1843. *Double Thaler.* Aigle couronnée. Sur la tranche. *Convention vom * 30 July * 1838 *. Ar. F.d.c.*

1021 1844. Même pièce avec vue de la ville. Schwalbach 72. Ar. Beau.

1022 1849. *Double florin* en mémoire de **Goethe.** *Zur Göthe's Hundertjährigen Geburtsfeier.* Ar. F.d.c. Sur flan bruni.

1023 1860. *Thaler au buste.* Schw. 81. Ar. Beau.

1024 1866. *Double Thaler* au buste lauré à dr. Rev. Aigle couronnée. Sur la tranche *Stark im Recht.* Ar. Beau.

1025 **Groningue.** 1672. Assiégée par les évêques de Munster et de Cologne. Obsidionale de *50 Sous.* Mailliet pl. XLIV n. 7. Ar. Belle.

1026 — 1672. Obsidionale de *25 Sous*, pl. XLIV n. 11. Ar. Belle.

1027 — — Obsidionale de *12¹/₂ Sous*, pl. XLV n. 13. Ar. t.b.c.

1028 — — Obsidionale de *6¹/₄ Sous*, pl. XLV n. 16. Ar. t.b.c.

1029 **Hambourg.** ¹/₄ *Ducat.* LEOPOLDUS . D : G : ROM : I : S : A .—. Rev. MON : AUREA CIVITAT : HAMBURG ❀ Or. Beau.

1030 *Thaler* aux sujets bibliques. CHRISTUS . IST . UMB . UNSER . SUN-DE . WILLEN . GESTORBEN : UND — Revers. UMB . UNSER . GERECHTIGKEIT . WILLEN . WIDER . AUFFERSTANDEN. Ar. Beau.

1031 **Leipzig.** 1884. *Thaler* carré du tir fédéral. VIII. **Deutsches Bundes-schiessen. Leipzig 1884.** gr. 27,5. Superbe.

1032 **Lixheim.** Alsace. Epoque mérovingienne. Tiers de sou. Buste couronné à dr. VADICIV + VI + IV. Rev VEICVLIS VLISVITA. Croix dans un cercle accosté de CV. Tiers de sou d'or. Beau. Fort rare.

1033 **Lübeck.** 1752. *Thaler* de 48 Schilling. Reimm. 6847. Ar. t.b.c.

1034 **Metz.** 1660. *Franc* (XII Gros) et *demi Franc* (VI Gros) de 1621. 2 ps. Ar. t.b.c.

1035 **Maestricht.** Epoque mérovingienne. *Triens.* TRIECTOFIT. Buste à dr. Rev. RIMOALDVS M. Croix cantonnée de deux globules. Or. t.b.c. Rare.

1036 **Münster.** 1660. Assiégée. Obsidionale de *50 Sols.* Mailliet pl. LXXXVI n. 2. Ar. Belle.

1037 **Nürnberg.** 1758. *Thaler* de convention au buste lauré et cuirassé de François I par *Loos.* Mad. 5082. Ar. t.b.c.

1038 1765. *Thaler* de convention. Vue de la ville. Rev. Double aigle couronnée IOSEPHVS II . D . G . — ROM . IMP . SEMP . AVG. Ar. b.c.

1039 1768. Même pièce. Ar. t.b.c.

1040 1700. *Demi Ducat* à l'agnus Dei. Or. F.d.c.

1041 S.d. ¹/₄ *Ducat* carré au même type. Or. F.d.c. 2 ps.

1042 S.d. ¹/₈ *Ducat* carré au même type. Or. F.d.c.

1043 **Strassbourg.** Epoque mérovingienne. *Triens.* Buste à dr. STRADIBVG. Rev. TELA MONETARIO. Or. t b.c. Extrêmement rare,

1044 **Trèves.** Epoque mérovingienne. *Tiers de sou d'or.* Buste à dr. TRE-VERIS CIVITATE. Rev. La Victoire à g. VICTVRI AAGSTR. Or. t.b.c. Fort rare.

1045 **Wiesbaden.** 1889. *Thaler* carré du tir. XI *Verbandsschiessen. Wiesbaden, Juli 1889.* Ar. F.d.c.

1046 **Zwolle.** *Daelder* s.d. au titre de Mathias I. Ar. t.b.c.

Vente d'Antiquités à Delft.

Le 16 Juin 1897,

aura lieu la vente d'une importante collection d'antiquités
délaissée par feu

M. le Jonkheer M^r. A. van der Goes van Naters.

Montres et Argenterie Antique, Eventails, Curiosités, Faïence
de Delft, Porcelaines de la Chine, du Japon, de l'Amstel de la
Haye et du Saxe.

Salon Louis XV. Tapisseries de Bruxelles. Lambris Sculpté
en bois d'Amboine. Ameublement Louis XV.

La vente se fera à la maison mortuaire sur l'Oude Delft n. 75,

SOUS LA DIRECTION

de l'Expert J. Schulman d'Amersfoort,

ET SOUS LE MINISTÈRE

des Notaires M. M. H. P. BOK et W. L. VERSCHOOR.

le Mercredi 16 Juin 1897 à une heure d'après midi.

*Le Catologue avec des planches se distribue chez l'Expert
J. SCHULMAN.*